《客家文化丛书》编委会名单

岭南文化书系·前言

五岭以南，素称岭南，岭南文化即岭南地区的人民千百年来形成的具有鲜明特色和绵长传统的地域文化，是中华文化的重要组成部分。由于偏处一隅，岭南文化在秦汉以前基本上处于自我发展的阶段，秦汉以后与中原文化的交流日益频繁。明清以至近代，域外文化不断传入，西学东渐，岭南已经成为传播和弘扬东西方文明的开路先锋，涌现出了如陈白沙、梁廷枏、黄遵宪、康有为、梁启超、孙中山等一大批时代的佼佼者。在 20 世纪 70 年代末开始的改革开放的浪潮中，岭南再一次成为试验田和桥头堡，在全国独领风骚。

在漫长的发展过程中，岭南文化形成了兼容、务实、开放、创新等诸多特征，为古老的中华文化的丰富和重构提供了多样态的个性元素和充沛的生命能量。就地域而言，岭南文化大体分为广东文化、桂系文化、海南文化三大板块，而以属于广东文化的广府文化、潮汕文化、客家文化为核心和主体。为了响应广东省委、省政府建设文化大省的号召，总结岭南文化的优良传统，促进岭南文化研究和传播的繁荣，在广东省委宣传部的指导和大力支持下，暨南大学出版社组织省内高等院校和科研机构的专家学者编写了这套《岭南文化书系》，该书系由《广府文化丛书》、《潮汕文化丛书》及《客家文化丛书》三大丛书共 30 种读本组成，历史胜迹、民居建筑、地方先贤、方言词曲、工艺美术、饮食风尚无所不有，试图从地域分类的角度完整展现岭南文化的风貌和精髓。在编写过程中，我们力图做到阐述对象的个性与共性相统一，学术性与通俗性相结合，图文并茂，雅俗共赏。我们希望这30种图书能够成为介绍和宣传岭南文化的名片，为岭南经济和文化建设的再次腾飞提供可资借鉴的精神资源。

需要说明的是，本书系曾获批为2009年度“广东省文化产业发展专项资金”资助项目，在项目申报和丛书编写过程中，广东省委宣传部的领导多次给予指导，并提出了许多宝贵的意见；中山大学、华南理工大学、华南师范大学、广州大学、韩山师范学院、佛山科学技术学院、韶关学院、嘉应学院以及暨南大学的有关领导和专家学者也给予了大力支持和帮助，在此我们一并致以诚挚的谢意！

《岭南文化书系》编委会

2011年6月18日

客家文化丛书·序

在岭南三大民系中，“客家”被称为汉民族中的“吉普赛”。晚清诗人黄遵宪对此曾作过诗意表达：“筚路桃弧辗转迁，南来远过一千年。”在岭南，相对于位居邻海平原的潮汕民系、坐拥肥沃三角洲的广府民系，客家民系就没那么得天独厚了，它们大都盘踞在山区丘陵乃至层峦叠嶂之中，所谓“逢山必有客，无客不住山”。而从民系的历史文化与语言风俗看，客家民系也与它们明显不同。客家学界有“大中华，小客家”的说法，其中强调的是作为民系及其历史和文化的客家与华夏民族及其文明的传承关系。诚如黄遵宪所吟诵的：“方言足证中原韵，礼俗犹存三代前。”

近三十年来，由于各种原因，在中国内地曾经一度沉寂的“客家”不断受到热捧，并涌现出大量的文章著作。但是，由于各自著述的动机与立场不一，加之学风机巧浮躁，致使本来对“客家”有些陌生的外界因此更加模糊。这种情形，一方面说明丛书编撰的重要性与迫切性，另一方面也为我们的工作增加了一定的难度。基于这一背景，为了保证丛书的质量，我们组织了一批不乏高度与视野，同时又对各自负责的选题有一定积累和研究，且能够充分体现嘉应学院在客家研究领域的水平与影响的作者阵容。对于丛书选题的提炼，则在避免每个选题之间简单重复与拼凑的同时，更多地考虑这些选题之间的内在关联及其对客家历史人文整体风貌的不同侧面展示，尽量覆盖客家的语言风俗、文化教育、山水自然、村落民居、饮食习俗、民间文艺、侨人侨商、足球体技等物质文化与非物质文化领域，并注意在内容展开过程中引带出能够体现客家历史人文内涵的标志性人物、事件和物象。同时，考虑到丛书的阅读对象与传播影响，在编撰风格上，我们力求雅俗共赏，介绍性文字简洁、通俗但不失生动，延展提升性文字具有一定的内涵。

丛书的出版，除了要感谢各选题作者付出的辛勤劳动，嘉应学院科研处、文学院（客家学院）、客家研究院等单位的关心和支持外，还要感谢广东省社会科学界联合会林有能副主席、暨南大学出版社徐义雄社长的理解和信任，特别是出版社史小军总编辑、李艺主任在编撰过程中提出的宝贵意见和建议。

邱国锋　曾令存

2015 年 5 月 30 日于梅州

岭南文化书系

客家文化丛书

客家方言

温昌衍 王秋珺 编著

暨南大學出版社
JINAN UNIVERSITY PRESS
中国·广州

图书在版编目（CIP）数据

客家方言／温昌衍，王秋珺编著．—广州：暨南大学出版社，2015.7
（岭南文化书系·客家文化丛书）
ISBN 978-7-5668-1484-5

Ⅰ.①客…　Ⅱ.①温…②王…　Ⅲ.①客家话—方言研究　Ⅳ.①H176

中国版本图书馆 CIP 数据核字（2015）第 136364 号

出版发行：暨南大学出版社

出 版 人：徐义雄
责任编辑：吴筱颖
责任校对：牛　攀

地　　址：中国广州暨南大学
电　　话：总编室（8620）85221601
　　　　　营销部（8620）85225284　85228291　85228292（邮购）
传　　真：（8620）85221583（办公室）　85223774（营销部）
邮　　编：510630
网　　址：http：//www.jnupress.com　http：//press.jnu.edu.cn

排　　版：广州市天河星辰文化发展部照排中心
印　　刷：深圳市新联美术印刷有限公司

开　　本：787mm×1092mm　1/16
印　　张：12.875
字　　数：213 千
版　　次：2015 年 7 月第 1 版
印　　次：2015 年 7 月第 1 次

定　　价：58.00 元

目　录

岭南文化书系·前言 ………………………………………………（001）

客家文化丛书·序 ………………………………………………（001）

一　绪论 ………………………………………………（001）

（一）客家方言的分布 ………………………………………………（001）
（二）客家方言的分片 ………………………………………………（006）
（三）客家方言的形成 ………………………………………………（013）
（四）客家方言与周边方言的关系 ………………………………………………（015）
（五）客家方言的文化背景 ………………………………………………（021）

二　客家方言的语音 ………………………………………………（034）

（一）客家方言的语音特点 ………………………………………………（034）
（二）客家方言的音系 ………………………………………………（036）
（三）客家方言语音与中古音的对应 ………………………………………………（039）
（四）客家方言语音的内部差异 ………………………………………………（041）

三　客家方言的词汇 ………………………………………………（043）

（一）客家方言词汇概说 ………………………………………………（043）

（二）客家方言的基本词 …………………………………（051）
（三）客家方言的古语词 …………………………………（072）
（四）客家方言的特征词 …………………………………（079）
（五）客家方言的熟语 ……………………………………（087）

四　客家方言的语法 ……………………………………（125）

（一）词法特点 ……………………………………………（125）
（二）句法特点 ……………………………………………（153）

五　客家方言的文化内涵 ………………………………（167）

（一）客家方言中的地理文化 ……………………………（167）
（二）客家方言中的过年文化 ……………………………（171）
（三）客家方言中的神灵信仰文化 ………………………（179）

参考文献 …………………………………………………（188）

后　记 ……………………………………………………（192）

一　绪论

（一）客家方言的分布

客家方言主要通行于我国江西、福建、广东、广西、四川、湖南、海南、香港及台湾部分地区，共两百多个县市。其中主要的区域是江西南部，福建西部，广东东部、中部、北部，这一带是粤闽赣边区，是客家人最集中的“大本营”，因而也是客家方言最流行的地区。印度尼西亚、马来西亚、新加坡、泰国、越南、菲律宾以及美洲的华侨、华裔有不少是讲客家方言的。

就使用人口来说，江西约 800 万，广东约 2 300 万，福建约 300 万，湖南约 300 万。加上广西、四川、海南、台湾、香港以及海外华侨、华裔，客家方言人口总计为 4 400 万（谢留文、黄雪贞，2007）。

从表现看，各地对客家方言的称呼不尽相同：在广东称其为“客话”、“客家话”、“客家语”（在梅县还被称为“阿姆话”。阿姆：母亲。本字是“阿娑”）、“山话”，在广西称为“新民话”、“麻介话”、“倕话”（粤西、海南也称“倕话”，粤西还有“大倕”和“小倕”之分），在四川称为“土广东话”，在湖南称为“广东话”或“客家话”、“客边话”、“客姓话”，在江西称为“广东话”、“客籍话”、“河源声”、“怀远话”等。“阿姆话”、“麻介话”、“倕话”是以客家方言的特殊词（亲属称谓词、代词）来命名的。“客家话”、“客边话”、“客姓话”、“客籍话”、“新民话”、“怀远话”是以说这种话的移民的特殊性质来命名的。“广东话”、“土广东话”、“河源声”是以移民的来源地来命名的。“山话”是以客家方言的地理环境来命名的。这些名称从不同角度反映了客家方言的某种特性。现在，人们习惯称之为“客家话”或“客家方言”（简称“客方言”）。

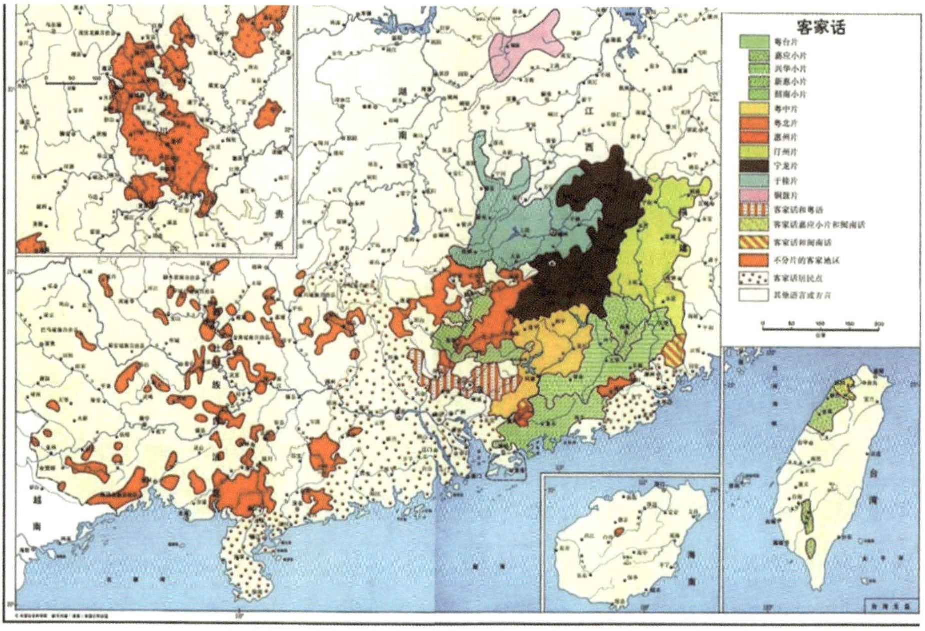

中国境内的客家方言分布图（图片来源：百度）

1. 广东境内的客家方言

广东境内的客家方言主要分布在粤东、粤中、粤北和粤西较为偏僻的山区地带。（《广东的方言》）

（1）粤东。主要分布在梅州市及邻近的潮汕一带，包括梅州市区、梅县、蕉岭、平远、兴宁、五华、大埔、丰顺、揭阳、饶平、普宁、惠来、潮阳、陆丰、陆河、海丰等地。

梅州市是客家方言的中心区域，具有客家方言的典型特征，而且与它有地缘关系或移民关系的地方的客家方言都受它的影响。《中国语言地图集》将该区分为嘉应小片和兴华小片。嘉应小片包括梅州市区、梅县、蕉岭、平远；兴华小片包括兴宁、五华、大埔、丰顺。从语音和词汇看，兴华小片可进一步分为兴宁、五华片和大埔、丰顺片。

无论是在学界还是在民间，梅县话都是客家方言的代表，是不少外地客家人维持或仿效的对象。其原因是：第一，地理位置。从明代至清代，乃至进入民国时期，梅县所在的嘉应州都是粤东地区重要的州府之一，而梅县是嘉应州的政治、文化、经济中心，一直是州府所在地。第二，移民。近几百年间，许多地方的客家人都是从梅县一带迁移过去的。在他们心目中，梅县始终保持着近代客家主要聚集地或祖居地这一地位。第三，客家意识。梅州一带是客家意识最早出现的地方，目前仍然是客家意识最强烈的地方。相比之下，赣南、闽西客家地区的客家意识产生较晚，大都是从梅州一带流传过去的，时至今日仍不如梅州强烈。第四，方言本身。梅县所在的地区，其客家方言内部一致性很强，各县（市、区）之间用客家话通话几乎没有什么问题。梅县话在客家地区有典型性，故民间以之为“标准”。

潮汕一带的各县市，客家方言往往与潮汕方言比邻分布或交叉分布，受潮汕方言的影响较大。

饶平与大埔两县交界的地区，如上饶（镇）、上善、饶洋、建饶、新丰等基本使用客家方言。

揭西县河婆镇以北的地区，是客家方言流行的区域。

揭阳市区与揭西县接壤的几个乡镇，如玉湖、白塔、新亨三镇的一部分地区和龙尾镇使用客家方言。

陆丰市、陆河县以及海丰县北部山区使用客家方言。

普宁市的客家方言主要分布在本市西南部山区与陆河县、陆丰市接壤的地带。

惠来县的客家方言分布在与普宁接壤的北部山区，如青山乡、河林乡等地。

潮阳县（今为汕头市辖区）的一些山区使用客家方言，当地称为“半山客”，受潮汕方言的影响尤大。

（2）粤中。主要流行于河源、惠州两市，即河源的和平、连平、龙川、东源、紫金五县及源城区，惠州的惠东县、惠阳区、博罗县及惠城区。珠江三角洲一带的不少县市也有一部分地区有分布，例如深圳、东莞、增城、中山、顺德、南海、珠海、三水、四会、高明、鹤山、开平、新会、台山、恩平。

河源、惠州两市的客家方言既有早期的客家方言（有的地方叫“蛇话”，它们也是客家方言），又有晚期来自粤东梅州的客家方言。惠州市客家方言区与粤方言区相连，受粤方言影响较大。

珠江三角洲一带的客家方言，处在粤方言的包围中。

广州沙河一带及郊区也有客家方言分布。

花都的客家方言，主要分布在北兴镇及芙蓉嶂一带。

从化客家方言分布在东部的吕田。

东莞客家方言主要分布在东南部清溪一带与惠阳、宝安两县相接的丘陵地带。

增城客家方言主要分布在荔城、永和、福和、镇龙、小楼、派潭、正果等乡镇，分“程乡话”（以正果镇为代表，居民来自旧称“程乡”的梅县）和“长宁话”（以派潭镇为代表，居民来自旧称“长宁县”的新丰县）。(《增城方言志（第二分册)》)

中山客家方言主要分布在五桂山区和合水一带。

三水客家方言主要分布在六合、迳口和大塘等处。

台山客家方言主要分布在赤溪区（赤溪区曾单独立县）和田头区。

(3) 粤北。粤北与粤中、赣南在地域上相连成片，也是客家人的基本聚居地之一。从使用方言的情况来看，粤北地区估计有400万以上的人口以客家方言为主要交际用语。主要分布在韶关市、清远市各县（市)，其中始兴、翁源、新丰是纯客家方言区；韶关的南雄、乳源、曲江、乐昌、仁化，清远的英德、连州、连南、连山、阳山、佛冈、清新各县（市、区）的一部分地区也有分布。其中南雄、乳源、乐昌、曲江、英德以客家方言为主要交际用语，其余各地以非客家方言为主要交际用语。(《粤北客家方言的形成和分布》)

从来源看，粤北客家方言主要来自赣南和闽西。清新、佛冈等地，除了来自闽西，还有来自粤中惠州和粤东梅州一带。

(4) 粤西。分布在湛江、茂名、阳江三市，包括廉江、化州、信宜、高州、电白、阳西、阳春等地的部分地区。除上述七县（市）外，雷州半岛的徐闻、海康、遂溪小部分地区也有分布，多为近50年来粤西各地客家人迁徙时带入的。

粤西客家方言称“偓话”，有“大偓”和“小偓”之分。“大偓”是指纯客所占范围较广，人口较多、较集中，受粤方言影响较小，因而方言成分较纯的客家方言，如廉江的塘蓬、石角，化州的兰山、中垌，信宜的茶山、钱排，高州的新垌、马贵，电白的沙琅、望夫，阳春的三甲、八甲等地的客家方言。“小偓”是指粤客居民穿插地带受粤方言影响较大，因而方言成分不纯的客家方言，如廉江高桥、雅塘等镇的客家方言。

粤西客家方言是由于明末清初以来闽西和粤东、粤北客地的居民直接或间接地向粤西移民而形成的。(《粤西客家方言调查报告》)

2. 福建境内的客家方言

福建境内的客家方言主要分布在闽西地域相连的长汀、连城、上杭、武平、永定、清流、宁化七县。这七县客家方言大体可以分为三片，南片的上杭、永定、武平和粤东地区相连，且明清以后有粤东客家人倒流，入居三县，所以这三县的方言与粤东客家方言比较接近。北片是清流、宁化两县，彼此的方言较为接近，也杂有一些闽方言的成分。中片的连城话和长汀话则游移于两片之间，其中连城话的特殊成分较多，县内差异也大，五六种小方言之间通话还有困难。相对而言，长汀话与南片较为接近，又由于长汀历来为州府所在地，那里的方言音系比较简单，有些地方受到官话的影响，南北两片的人都比较容易听懂，因而在闽西客家方言中比较有代表性。此外，明溪县西部、南部，诏安县的秀篆、官陂、太平，平和县的九峰、长乐，南靖县的曲江，龙岩市的大池、万安，它们大多数是纯客乡或客家人占多数的乡镇，也有客家方言分布。在闽中、闽北和闽东则有一些大小不一的客家方言岛。(《闽西七县客家方言语音的异同》)

3. 江西境内的客家方言

江西境内的客家方言主要分布于江西南部赣州地区的赣州郊区、赣县、南康、大余、崇义、上犹、信丰、龙南、定南、全南、寻乌、会昌、于都、瑞金、兴国、宁都、石城等 18 个县（市）。吉安地区的吉安、遂川、泰和、井冈山、永丰、万安、永新、宁冈，宜春地区的靖安、奉新、宜丰、万载、铜鼓，萍乡市的莲花，九江地区的修水、武宁，抚州地区的广昌，上饶地区的横峰等地都有客家方言。此外，贵溪、铅山县的畲族乡也属客家方言岛。

江西境内的客家方言既有被称为“老客家”的赣南本地话，又有明末清初从闽西、粤东迁来的客家移民带来的客籍话。这种内部差异与居民的迁徙时间、来源、路线有密切的关系。(《客赣方言比较研究》)

（二）客家方言的分片

1. 南片、北片、混合片

从分片看，赣南、闽西、粤东、粤中的客家方言，明显可以分为两片：南片与北片。南片在广东省，即粤东、粤中；北片在福建、江西省，即闽西、赣南。下表列出的是南北两片存在对立的词（声调标调类，1～8 代表“阴平至阳入”；“□”表示有音无字；音标为国际音标，下同）。

词目	南片	北片
松脂	松淫	松油
看田水	掌水	看水
种田	耕田	作田
手镯	手扼	手镯
雨伞	遮	伞
铲灰工具	灰铲	火铲
菜刀、大刀	刀嫲	菜刀/刀
水勺	勺嫲	勺
粗绳子	索嫲	索/绳
大碗（与小碗相对）	碗公	大碗/碗头
粗沙子	沙公	粗沙
树墩、树根部	树头	树蔸
动物的窝	窦	薮
猴子	猴哥	猴子
姐姐	阿姊	姊
妹夫	（老）妹婿	妹郎
边沿	唇	舷
盛饭	舀饭	载饭
密合加热使食物易熟	跼	熻
放下担子歇一歇	敨	放肩
知道	知得	晓得
提	掂	□t^hia^2

（续上表）

词目	南片	北片
听说	听讲	听话
说话	讲话	话事
租赁	租	税
要（不要）	爱	要
（蜂）蜇	叼	叮
躺下去	眠	歇
畜养	养	鞠
毒（死）	豆	闹
猪小肠	猪粉肠	猪小肠
正好	啱啱	刚好
多么（好）	咹（好）	几（好）
（一）次、回	摆	回
（一）辆（单车）	架	辆
（一）窝	窦	薮
胖	肥	壮

大致说来，南片的一致性大于北片，南片内部一致的词比北片多。其一致的词一是共同保留了客家方言早期的说法，如“勺嫲水勺”，而北片在北方通语（尤其是近代汉语）的影响下以及赣方言的后期渗透下，其中的一些说法已经被取代，如水勺说“勺”；二是南片方言点共同接受了强势方言粤方言的一些词语，如“火水煤油”、“遮雨伞”、“靓漂亮”、“唔使不必、不用”，而北片没有接受这些粤方言说法，还保持着原有说法；三是个别词南片因受普通话的影响而换成了普通话的说法，如“租赁”说“租”，北片则保留了以前的说法“税”。当然，这三种情况只是笼统而言，要具体分清每一个词到底属于哪一种情况，并非易事。

南北分片以及南片的一致性大于北片从语音上也可以看出：①南片见系字多保留 k、k^h、h 声母，与精组细音 ts、ts^h、s 尖团有别，北片多数点已经腭化；②古阳声韵字南片多保留 m、n、ŋ 韵尾，北片大多数点三种韵尾不全，不少读为鼻化韵；③古入声韵字南片多保留 p、t、k 韵尾，北片则大多三种韵尾不全，不少弱化为喉塞音，甚至脱落，成阴声韵。

粤北的归属比较麻烦，既不能简单地归入南片，也不能简单地归入北片，更没有形成与南片、北片完全对立的单独一片，绝大多数词的说法不是同南片就是同北片。与赣南接近的北部的南雄、始兴，北片成分多于南片成分；与赣南不接近的中部的曲江，南片成分多于北片成分，似乎可以归入南片。但中间有没有一条明确的分界线，还比较难说，因为从材料看，地理位置越北的地方，受北片影响越大，受南片影响越小；地理位置越南的地方，受南片影响越大，受北片影响就越小。南、北片的影响同时存在，两者呈现你强我弱、你弱我强的并存局面。要在什么地方将粤北地区的方言一分为二，仍是比较困难的。看来，应把它单独看作特殊的一片——南北混合片。

2. 南片内部小片

南片内部小片包括粤东小片和粤中小片。

粤东小片包括梅州市各县（市、区），根据内部差异，又可以分出嘉应小片和兴华小片，此处不赘。该片是客家方言的中心区域，具有客家方言的典型特征。与其余小片相比，该小片较独特的词语有：姜嫲老姜（与嫩姜，即子姜相对）、心舅（“新妇”的音变词）儿媳妇、妇人家已婚妇女、擐大肚怀孕、纸炮鞭炮、落霜下霜、莽人谁。其中个别词已被带入别的小片，反映出它们之间的地缘关系或移民关系，如“莽人”，已进入了闽西片的永定，粤中片的新丰、博罗。

潮汕话与本小片有较深的联系，这主要体现在大埔话和丰顺话中。其中原因主要是大埔县和丰顺县在历史上长期隶属于潮州府，在经济文化上与潮汕地区有更多的交流和融合，这使得两地的客家方言受到潮汕方言的影响和渗透。例如（音节中的数字指调类，本章同）：水窟小水坑、吊瓜黄瓜、雪条冰棍、汤匙调羹、眩［hin^2］，头晕、啡吐、园收藏、歇休息等，这些词语与梅州客家方言不同而与潮汕话相同。特别是丰顺，由于其境内居住了约11万使用潮汕方言的居民，因此丰顺话受潮汕方言的影响更大，下面这些丰顺话中的词语都是与梅州客家方言不同而与潮汕话相同的，例如：菜头萝卜、粉鸟鸽子、抽［t^hiu^1］刨子、饼药肥皂、亲情亲戚、疕痂、糜粥、压腰钱红包、物件东西、猛快、猛猛迅速、赶快。（《广东梅州客方言词汇内部差异比较研究》）

粤中小片包括河源市各县（区）和惠州市各县（区）及历史上属

粤中今属粤北的新丰县，即大致相当于历史上的惠州府范围。这一片的客家方言包括：知道是客家方言的，如龙川、东源等地的方言；被叫作“客家话”的，如博罗“客家话”、新丰“客家话”；被叫作“蛇话”（或“蛇声”）的，如博罗“蛇话”、新丰“蛇声”。“蛇话”（或“蛇声”）是当地较早的客家方言。因为粤东客家人初来时，觉得当地的语言很怪异，所以称之为“蛇声”、“蛇话”（今梅县客家人仍用“蛇声鬼叫”形容怪里怪气的声音）。与别的小片相比，这一片不同的词语较多，如：□［uŋ^{3}］推、恁想、□［hoi^{2}］①痒；②（芋头）刺激（皮肤）、打早早上、□［k^{h}em^{2}］鼠蟾蜍、壁宿蜈蚣虫、大肚胈［p^{h}at^{8}］怀孕、块（一）片（叶子）、家公/大人公公公、姊（姐）夫姐夫、落车下车、睇看、捡催讨，要回、逻食要饭、涿［tuk^{7}］（一）泡（尿）。个别词的读音也有不同，如“新妇”读同“心铺”，“佢”（第三人称代词）读送气音（新丰除外）。在词汇上，这一片的特点是受粤方言的影响很大，因为它处于客、粤方言交界处，区内的一些点还同时通行粤方言，粤方言词在此凭借其优势地位，很容易渗透进来，有的还进一步深入到客家方言的腹地。以上与别的片不同的词语，就有较多是来自粤方言的，如：恁想、落车下车、睇看、块（一）片（叶子）、涿［tuk^{7}］（一）泡（尿）、家公公公等。另外还有同时兼有客、粤方言说法的词语，如：傍/送下饭，下酒。另有一些词换用了普通话的说法而不再是客家方言原本的说法，如：“捆绑”说“绑”不说“约”（《集韵》锡韵亭历切：“《说文》：约也。”“约”有“缠束”义），“唾液”说“口水”不说“口澜”，“天量词”说“日”不说“工”，这些说法从普通话来或是从粤方言来，似乎都有可能。当然，粤方言词汇的大量进入，并未改变该小片的客家方言性质，客家方言特征性的内部通用词，在此仍有很丰富的体现。

3. 北片内部小片

北片内部小片包括闽西、赣南两小片。闽西小片包括龙岩市各县（区）和三明市个别县。该片有南北差异，南部的武平、上杭、永定靠近粤东，受到粤东小片较多的影响；北、中部的宁化、长汀等不靠近粤东，没有受到粤东小片的影响，但宁化因与赣南接壤，有些词说法同赣南。同样，赣南的石城与该小片接壤，有些词的说法同该小片。本片较独特的词语有：行（一）根、疾疼痛、淅大米粉、扁食馄饨、□［tse^{1}］

茧子、一股一瓣（橘子）、沃浇（菜）（长汀用“泼”）、高哉高兴、桩子摊子、号哭等，其中后四词与石城同。本片与闽方言区交界，所以有些词的说法同闽方言，如前例中的“扁食馄饨”。

赣南小片是客家方言内部最大的一个小片，包括赣州市各县（市）。与别的小片相比，本片不同的词语有：婆（石城也说“嫲”）指雌性，有时指女性或不指称性别、虱婆虱子、驐阉割、崽儿子、女女儿、脑盖头、卵男阴、装假假装、眠梦做梦、南瓜丝瓜（有棱）、秩谷（也说“冇谷”）秕谷、清汤馄饨、梗（一）根、禁结实耐用。由于与赣方言直接接触，无论是历史上还是现在，赣南客家方言受其影响都很大。上述中就有较多的词语同赣方言，如：婆指雌性，有时指女性或不指称性别、虱婆虱子、崽儿子、女女儿、秩谷秕谷、清汤馄饨、禁结实耐用。另一些词的说法同普通话，如说“扁担”不说“担竿”，说“累”不说“蹽”，这也可能是从赣方言来的。赣方言的一些影响有时还到达别的小片，例如“崽儿子、女女儿”也见于粤北小片的南雄和闽西小片的宁化。这应是后期穿过赣南小片后才到达的。

4. 分片的历史背景

粤中与粤东合为南片，不仅有两地紧紧相邻的现实原因，而且有深刻的历史原因：一是在行政建制上，两地大部分地区曾有共同归属，例如兴宁、五华都曾与今粤中地区同属古龙川县（秦汉）、循州（隋唐宋）、惠州府（明），直至清代才被置于粤东的嘉应州内。二是粤中地区的客家人多来自粤东地区，例如龙川，“各姓先祖多在宋末或明时从嘉应州或南雄、翁源、赣南迁来”，“明清时期，移入龙川的多为兴梅一带和相邻省、县的客籍人”（《河源文史资料·第三辑·龙川居民源流初探》）；又如惠州桥西（桥西在历史上是惠州府署所在地，后来又是专区、地市政府的所在地，它集中了惠城姓氏的大部分，可以看作惠城居民姓氏的缩影），各姓氏“一般是从中原地区，经江西、福建，再经兴（宁）梅（县），即顺韩江、东江而下，到达惠州”（《惠城文史资料·第十四辑·关于桥西的姓氏》）。

赣南与闽西一直分属两省，但能合为北片，是因为两地客家居民的来源大体相同，即都是源于罗香林所说的第二批南下的客家先民。他们是为安史之乱及黄巢起义的战乱所迫，在唐宋之交，南迁至赣南、闽西的（其中的少数到达粤东）。后来的赣南在明末清初时有闽粤客家人倒迁回来，来自粤东、粤中的主要迁入地缘接近的赣南西部、中部（上犹、安远、南康、于都等地），来自闽西的多迁入地缘接近的赣南东部（瑞金、宁都、石城等地）。（《客家学导论》）因此，今赣南客家方言有一些内部差异：西、中部一些点带有南片即粤中、粤北客家方言的词语，东部的一些点带有闽西客家方言的词语。但这些差异不影响赣南与闽西合为北片。

赣南、闽西合成的北片之所以与粤东、粤中合成的南片构成对立以及北片的一致性不如南片，这与客家先民移入的时间先后不同有关。前者是在客家大迁移中的第二期，时间上更早，属客家形成中的摇篮时期，其方言发展到现在的过程中更容易产生大的内部变异；后者是在第三期，即宋元以后（因蒙古人南侵，迁入赣南、闽西的客家人再度南迁而至），时间上更晚，属客家形成中的定型期，其方言发展到现在的过程中较难产生大的内部变异。此外，也与两片客家居民后来的生活状况不同有关。南片的客家人大量移入，在山区站稳脚跟后，人口增加和耕地短缺迫使他们向平原地区扩展，这时便和“广府人”、“福佬人”产生争夺生存空间的尖锐矛盾。这种矛盾一直延续，有的地方还恶化为数十年的械斗争战。为赢得胜利，客家人内部加强团结，增强凝聚力，强化民系意识是一件必然的事情。在这种情形下，保持自己的文化传统，坚守自己的母语也是很自然的事情。而北片的客家人大批移入后与当地的少数民族畲族以及之前来到的汉人相互融合，一起成为当地的主人，与周围的民系未产生尖锐的矛盾和对抗，因而没有增强内部凝聚力、固守自己的文化传统和母语的现实需要。在这种情况下，北片方言产生的变异自然比南片大。

粤北片是一个特殊的片，在历史背景上也有特殊性。从现在的粤北客家方言看，只有始兴、翁源和新丰是纯客县，而新丰在历史上曾长期属于粤中：南齐高帝时（479— 483 年）置县，归广州管辖；隋开皇十八年（598）改称休吉县，隶属于循州；大业元年（605）并入河源县，直到明代中叶以后，历 960 多年均未改动，只是隶属郡府数度变更，宋以后便一直隶属于惠州府；新中国成立之初，属东江地区，后改属粤北地区（《新丰方言志》），因此实际的方言分区中应归入粤中片而不是粤北片。其余各县都是非纯客县。

可以想象，粤北片客家方言的一致性肯定不强。就历史上客家人的来源来看，也是较复杂的。一是来自赣南。由于与粤北毗邻，赣南的客家人南迁时，除了往闽西方向（经武夷山隘口），也有往粤北方向（经大庾岭路）。北宋末年，金人大举入侵，中原士民流离失所，一部分人跟随宋高宗偏安东南，一部分人跟随隆佑太后逃至赣南，有的更越过大庾岭，寄寓南雄。沟通五岭南北的大庾岭路在其中起了重要作用，其北端在赣南（大余县），南端在粤北（南雄），两地区的居民因为此路畅通而有较紧密的往来是情理中的事情。今南雄珠玑话与大余县城南安镇（旧南安府所在地）客家方言及赣州市郊蟠龙镇客家方言大同小异，这正透露了珠玑一带与同处在大庾岭路上的大余、赣州一带在历史上联系紧密和往来频繁的事实。(《南雄珠玑方言志》)

二是来自闽西。宋末元初，严重的战乱使整个粤北地区人口流失严重。到了明初，社会的动荡使粤北人口更趋下降，恰逢此时，闽西等地屡遭自然灾害的侵袭，当地的客家饥民源源不断地向粤北地区迁徙。其路线是经赣南，然后取道大庾岭路或乌迳路，最后到达粤北。

三是来自粤中、粤东。主要分布在粤北南缘靠粤中的佛冈、清新等地。由于与东江水系相去不远，两地的客家人里就有自粤中惠州和粤东嘉应州迁徙而来的。清咸丰年间编的《佛冈县志》称，其方言有土著有客家，自唐宋立籍者为土著，国初（指清初）自韶惠嘉及闽之上杭来占籍者为客家。民国二十六年（1937）编的《佛冈县志》也认为，新客家以龙川、长宁、兴宁、英德迁来者为多，各区皆有之。（庄初升，2000）虽然具体到粤北各县，其表现各有不同，靠赣南的南雄等地主要和赣南发生联系，靠粤中的佛冈、清新等地主要和粤中、粤东发生联系，中部地方则主要和闽西发生联系，如曲江、乐昌。但是随着粤北各县居民间后来的内部迁徙，每个点的居民来源并非单纯不变，而是会出现交叉。因为这样的历史背景，今粤北客家方言必然会相对复杂，其词汇中既有南片粤中、粤东的成分，又有北片闽西、赣南的成分；不仅面上如此，点内也是如此，即一个点内也兼有两片的成分。

各小片中，一般是以不同的行政归属分片，不同的市为不同的片，但惠州市和河源市却同归粤中片，其历史背景是：历史上它们合多于分。隋唐时两地合在循州内。南汉乾亨元年（917），循州分为祯州、循州二州，前者在宋天禧五年（1021）为避仁宗赵祯讳改称惠州，辖地除今惠州市外，还包括今河源市的南部；今河源市的北部则属后者。明洪武二年（1369），二州又合为一州，循州并入惠州，两地又同归一起。直至1988年河源市独立为地级市，期间几乎没有较长时间的分离。(《惠城文史资料·第一辑·惠州简介》和《河源文史资料·第一辑·河源市概况》)

（三）客家方言的形成

客家方言雏形是在江西形成的，是南下至江西的北民带来的北方话在楚语中的一支——傒语的基础上形成的，时间在客家先民迁入赣南、闽西之前（即唐末五代初）。

包括赣南客家方言区在内的今江西省，远古时期属扬州；春秋时期分属吴、楚、越三国（史称江西为“吴头楚尾”）；秦汉时大部分地区属豫章郡。

东汉时的豫章郡空前繁荣。据公元2年和公元140年的人口统计资料，当时全国总人口减少，但是豫章郡人口由公元2年的351 965人猛增至公元140年的1 668 906人，户数由公元2年的67 462户猛增至公元140年的406 496户。当时全国一百多个郡中，豫章郡的人口名次由第53位跃居第4位。在扬州的六个郡中，则由第5位跃居第1位。(《中国历代户口、田地、田赋统计》)可以想象，当时一定有一个豫章郡方言（我们不妨称之为“原始赣语”）。由于豫章郡与今湖南等地属南楚（《史记·食货志》载“衡山、九江、江南、豫章、长沙，是南楚也”)，因此在扬雄的《方言》中，豫章郡方言也就属“南楚方言”。

南北朝时，九江、豫章一带居民仍是“楚人”，称作“傒”。《余嘉锡论学杂著·释伧楚》:“扬、徐之地，江淮之间，本属楚境。永嘉丧乱，幽、冀、青、并、兖州及徐州之淮北流民相率过淮，亦有过江者。于是侨立郡县以司牧之。其地多中原村鄙之民，与楚人杂处，谓之‘杂楚’。吴人薄之，亦呼‘伧楚’。别目九江、豫章诸楚人谓‘傒’，而于荆州之楚，以其与扬州唇齿，为上游重镇，独不受轻视，无所指目，非复如东渡以前，统骂楚人为伧矣。”当然，傒不是纯楚人，其中夹杂有不少的北方人。因为早在东汉末年，就有不少的南下北民迁至江西。晋永嘉之乱后，更有不少北民南迁至江西，尤其是浔阳郡（即今九江一带），朝廷为此还先后在那里设置西阳郡、新蔡郡、安丰郡、松滋郡、弘农郡、太原郡等。

傒的语言是傒语，与当时的正音（即通语）有差别。《南史·胡谐之传》云：“胡谐之，豫章南昌人也。……建元二年，为给事中、骁骑将军。上方欲奖以贵族盛姻，以谐之家人语傒音不正，乃遣宫内四五人往谐之家教子女语。二年后，帝问曰：‘卿家人语音已正未？’谐之答曰：‘宫人少，臣家人多，非为不能得正音，遂使宫人顿成傒语。’”

傒语与正音的差别应该不大，否则，很难“二年后”“遂使宫人顿成傒语”。这与上文说到的傒不是纯楚人，其中夹杂有不少北方人的情况有关。因为在这种情况下，傒语不可能是纯楚语，里边肯定有不少北方话成分。这使得傒语与当时的通语（即以北方话为基础的正音）有了联系的纽带。

由于后来北民一批又一批继续南迁至江西（赣北、赣中），傒语受到北方话潮水似的冲击，使本来属于楚语一支的傒语，急速向当时的北方话靠拢，形成今客、赣方言的前身——客、赣方言母体（由于它形成于今赣北、赣中的赣方言区，我们可以称之为古赣语），今江西方言，无论是赣方言还是客方言，都有很多的历史通语词（古代汉语词、近代汉语词）及少量北方方言词，便是明证。当然，当时的傒语决不可能被北方话完全替代，其中的一些成分必然会遗留下来。由于历史文献没有记录有关傒语的具体内容，我们无法确定今天的客、赣方言中哪些是傒语成分，但既然傒语是楚语的一支，我们可以将客、赣方言中的楚语成分暂且看作傒语成分，例如“土狗”、“寒蟟”等。

总而言之，南下至江西（赣北、赣中）的北民带来了北方话，在楚语一支——傒语的基础上形成了古赣语，时间在客家先民迁入赣南、闽西之前（即唐末五代初）。

唐末五代至宋初，客家先民［大部分属于上述古赣语区居民，小部分属于客家第一次南迁后滞留在颍淮汝汉诸水间的居民，后者也有补充到赣方言区的（罗香林，1975；蓝小玲，1999）。从这一点上说，客家先民与今赣方言区先民同宗同源］为避黄巢战乱，迁入赣南、闽西山区（即客家第二次大迁移），他们在吸收原山区方言及民族语言某些成分的基础上，在闭塞的山区地理环境中发展了所带来的古赣语，使之成为客家方言（后来又随移民延伸至粤东、粤中）。

留在赣北、赣中的古赣语在近江方言的影响及后来北方话的数度冲击下，发展为现代赣语——现在的赣方言。

（四）客家方言与周边方言的关系

1. 客家方言与赣语的关系

因为客家方言和赣方言都来源于古赣语，它们之间也就有天然的紧密关系，特别是语音上，几乎没有很大的差异，历来为研究者所重视。有的学者还据此认为客、赣方言难以分为两区，是同系方言。例如首次讨论客赣方言关系的罗常培（1958）在研究江西临川话时发现临川和梅县方言有七项共同的语音特点，因而认为客、赣方言是“同系异派”的方言。这些语音特点都涉及音类，管的字都是成批的。此外，尚有个别字（词）有特殊的语音，在客、赣方言有一致的表现，例如：“剩剩余，遗留”，早期字作“賸”，“以证切”；“择挑选、选择”的声母同透母，词音多为［t^hok^8］或［$t^ho?^8$］，保留了“古无舌上音”的特点。

从词汇上看也有紧密关系，一方面两者有不少的“关系词”；另一方面，一些客、赣方言差异明显的词，以及个别地区通行的赣方言，尤其是五代时就开始从江西迁来的湖南、福建等地的人所持的赣方言，江西境内偏僻、闭塞地方的赣方言的说法同客家方言。例如以下几对通常认为的客、赣方言鉴别词“唔/不、食/喫、鸟/戳交合、生（鱼）/活（鱼）、偃/我”，一般认为前者见于客家方言，是客家方言说法；后者见于赣方言，是赣方言的说法（《江西方言的分区（稿）》），可是部分赣方言点也能见到前者（即客家方言）的说法。

也许上述词都是古赣语词，后来的客家方言把它们完整地保留下来了，而后来的赣方言则只是个别点有所保留，大部分点被后起的说法所取代，这种表现在江西境内的赣方言点尤为明显。这种现象也发生在客家方言的个别点中，例如地处闽、赣交通要道上的宁化，说“不”不说“唔”，早期说法“唔”已被“不”取代（可作旁证的是，客家方言的“系是”在宁化也已被“是”取代）。

赣方言后来词替代古赣语词的现象，在某些赣方言点还在发生，有的正在进行中，表现为早期的说法已很少用，而多用后来的说法。例如安义的赣方言，“两连襟”多说“连襟”，少说“两姨丈”；“盛饭”多说“添饭”，少说“载饭”（“两姨丈”、“载饭”为早期说法）。

以上说明客、赣方言有紧密的关系。不过还没有紧密到“密不可分”，两种方言的词汇之间尚有很大差异。罗杰瑞正是主要根据客、赣方言的词汇差异对罗常培从语音角度得出的论断不以为然，认为客、赣方言关系肤浅。他举了以下六点为证：①歌部字，客家方言有[-ai]，赣方言只有[-o]或[-ɔ]。②客家方言否定词同闽、粤方言，赣方言否定词和北方及中部的方言相近。③客家方言动物性别标于词尾，赣方言可标于词头，也可标于词尾。标在词头是受北方话的影响。④“儿子”的说法，赣、湘、粤方言一致，客家方言显得独特。⑤“鼻”字，赣方言来自入声，客家方言和粤、闽方言都来自去声。⑥系词，客家方言用中古的“系”，赣方言用“是”。

若结合李如龙、张双庆及练春招的研究结果来看，罗杰瑞的观点基本上站得住脚。也就是说，客、赣方言词汇仍有很大差异，这些差异保证了客、赣方言可以分为两区。我们发现的以下事实对此有很好的证明：①客家方言特征词100个“外区罕见词”赣方言罕见；②客、粤方言40个关系特征词，客、闽方言12个关系特征词赣方言罕见；③14个语音特征词在赣方言中所见者为少数；④从面上来说，客、粤方言关系特征词多于客、赣方言关系特征词，两者比例是2∶1；⑤从方言片看，南片客家方言（即粤东、粤中客家方言）与赣方言没有关系特征词，36个南片特征词赣方言同见者为零。如果客、赣方言要合成一区，那么与客家方言关系特征词较多的粤方言怎么办，尤其是客家方言的南片与粤方言的紧密程度远远超过与赣方言的紧密程度，它怎么能与赣方言合而与粤方言分呢？

造成上述词汇差异的主要原因是客家方言处于赣南、闽西闭塞的山区中，与赣方言相比，能保存更多的古赣语成分。赣方言则主要处在交通便利的江边（长江下游、赣江下游）、湖边（鄱阳湖），容易受北方方言（即上文所说的近江方言和北方话）的影响，因而丢失了很多古赣语的成分，增加了许多北方方言的词汇（今属官话方言的九江话是个明证）。因此，罗杰瑞认为它同时具有北方和南方方言的特点。

从这里来看，张光宇说的“异地分居之后，词语随地而异”的现象，很符合客、赣方言的实际。

而客、赣方言最终分区的主要原因也在于此：赣北、赣中等地的古赣语因为处在开阔的近江、近湖地带而以开放的方式发展演变，形成现代赣语——现在的赣方言；随客家先民进入赣南、闽西的古赣语由于处在闭塞的山区而以封闭的方式发展演变，形成现在的客家方言；方言差距拉大，客、赣方言最终一分为二。

客、赣方言的关系，从以上可以清楚地看出来。

最后补充两点，赣南客家方言由于与赣方言相邻，受赣方言影响较大；赣方言的萍乡片、吉安片在明末清初的客家移民浪潮中接纳了不少客家人，受到客家方言不小的影响，有不少的客家方言成分。这些加深了客、赣方言的关系。

2. 客家方言与粤方言的关系

据李新魁等学者研究，粤方言的形成包括五个历史层次。第一个层次是先秦时期，特别是战国时期，有大量的楚人来到岭南，带来楚语。后来南楚方言出现，这是粤方言的前身。今粤方言中仍保留了部分南楚方言词，如“睩、睇、娃”。第二个层次是秦汉时期。秦始皇于公元前 214 年发兵 50 万平定岭南，此后有较多的北人定居岭南。后来秦将赵佗及其子孙五世治粤，建立了相当稳固的南越王朝。中原汉语在岭南得到传播，原来与楚语相近的粤方言转变为与中原汉语更为接近的方言。土著民族语言（即百越语）的许多成分也在粤方言中沉淀下来。第三个层次是在晋代。大批士民迫于战乱而向南迁徙，他们所带来的中原汉语，又给正在形成的粤方言产生了新影响，使粤方言接受了更多汉语共同语的特点。第四个层次是在唐代。粤方言逐渐成为一支独立的方言，有自己相对独立的语音体系和词汇系统以及语法结构。第五个层次是在宋代以后。宋代的粤方言大概已与现代的粤方言相差无几，它所用的语音和词汇，可能已经奠定了粤方言的基础。前面介绍的第三、四个层次，应是粤方言形成的最重要层次。在此之前尽管已经有汉人入迁岭南，但所占比例恐怕不高。元·陈大震《大德南海志》（残本）记载：“广州为岭南一都会，户口视他郡为最；汉而后，州县沿革不同，户口增减亦各不一，大抵建安东晋永嘉之际至唐，中州人士避地入广者众，由是风俗变革，人民繁庶。至宋，承平日久，出聚愈盛……”田方等人所著的《中国移民史略》也说：“从整个广东地区来看，自6世纪末至14世纪后期的800年间，由于全国经济的逐渐发展……使广东的人户继续增加，尤以宋代增加最速……总计由隋至元，广东的人户由131 280户增至548 759户，共约增加3倍，远远超过了全国人口增加的速度（0.5倍）。”唐开元四年（716），张九龄奉诏开凿了大庾岭，这条一直是沟通五岭南北的要塞，早在秦代就已有人越此南下［例如秦、汉两代都曾挥师南下，其中就有一路出豫章，越大庾岭，下浈水而取番禺（今广州）］，此时新路的开通更是完全沟通了长江水系和珠江水系，成为唐宋以来五岭南北最重要的交通要道。自此，北人入粤者多取此道。入粤人口日益增多，由隋至唐天宝年间，广东人口增加了1.6倍（练春招，1998），尤其是处于大庾岭路南端的今粤北南雄一带在唐五代时就吸收了大量内地移民。据《旧唐书·地理志》，天宝年间，韶州所领六县，即浈昌（后称宝昌，今南雄）、始兴、曲江、乐昌、翁源、仁化户数为3.1万户，连州更达3.2万户之多，其绝对数虽次于广州的4.2万户，然人口密度则远远过之。（曾祥委、曾汉详，1995）北宋末年时，金人大举入侵，中州人民流离失所，一部分人跟随隆佑太后逃至赣南，有的更越过大庾岭，南雄珠玑巷一带成为他们避乱港湾。南宋末年，元将吕师夔率大军连陷南雄、韶州，那些从岭北越岭而来的士族，有的又不得不再次南迁，流播到珠江三角洲一带。郝玉麟《广东通志》说：“珠玑巷在南雄府保昌县沙水寺前，相传广州梁储、霍韬诸望，俱发源于此。”据估计，“珠玑巷移民后裔约占今日整个广府民系人数的60%以上，不少于2 000万人”。（练春招，1998）可以说，珠玑巷移民是广府民系的主体部分。

从上述可以看出，粤方言的形成与客家方言的形成有紧密的关系，这种关系一是通过早期的楚语（或南楚方言）建立的，表现为粤方言前身与客、赣方言母体古赣语的前身傒语都属楚语（或南楚方言）。二是通过越大庾岭而来的粤北地区的珠玑巷移民建立的。由于珠玑巷移民的先人与客家先人（包括“古赣语区先人”）都主要为晋永嘉之乱后至宋末的南迁北人。因此，一方面，他们带来的北方话主要是晋至隋唐间的古代汉语，构成粤、客方言的共同来源。另一方面，珠玑巷移民先人经过江西路段（即鄱阳湖—赣江—赣州—章江—大余）时，无论是未分化时的古赣语还是分化后的赣方言、客家方言，都会对他们的语言产生影响，甚至古赣语或赣方言、客家方言就是他们所讲的语言或语言的一部分，无论哪一种情形，都使得客家方言和粤方言之间有共同的方言成分。

当然，客、粤方言关系紧密的原因除了上述历史上曾经同源的根本原因外，还有其他两个原因。一是相互渗透。一方面，粤方言凭借优势地位不断向邻近的粤中、粤东、粤北各小片客家方言渗透方言词，而后，其中的一些越过省界渗透到邻近的闽西小片、赣南小片；另一方面，客家方言也有一些词渗入粤方言。二是有共同的底层语言——百越语。由于南岭的阻隔，今粤方言区早期盛行的百越语，其汉化速度应是很缓慢的。与赣北、赣中赣方言区的平原地带相比，今赣、闽、粤交界的客家方言山区地带通行的百越语的汉化速度也应很缓慢。因此，很可能赣方言区的早期百越语因受北方话强烈冲击而损失殆尽的时候，今粤方言区和客家方言区早期仍有百越语保留，其中的一些成分为后来的粤方言和客家方言所同时继承，成为客家方言和粤方言的共有成分，例如“□［$kuai^3$］（方言字写“蜗”）青蛙”。

3. 客家方言与闽方言的关系

客、闽方言之间的关系早就已经有人注意到。罗杰瑞在 1995 年时就说过“闽语、客家话关系密切”，并引用客、闽方言共有的语音特点和 10 个共有的方言词为证，例如：鸡迟即“鸡胝”，鸡虱、膣女阴、澜唾液。张光宇（1999）也说：“闽、客方言关系密切无从否认。”从特征词角度看，客、闽方言也有比较密切的关系。

产生这种关系的主要原因是两者早期历史上曾经有一部分居民来源相同。

上文已经说过，客家方言是从古赣语分化出来的，而古赣语又主要是晋永嘉之乱后南迁的北民带来的北方话发展演变的结果。南迁的北民与闽方言区先民有关系，张光宇对此曾有详细说明。他引述罗香林《客家研究导论》归结出的当时移民迁移的三条路线：①秦雍（即今陕西、山西一带）等州的难民，多向荆州（即今湖北一带）南徙，沿汉水流域逐渐徙入今日湖南的洞庭湖流域，远者且入于今日广西的东部。②并司豫诸州的移民，多集于今日安徽及河南、湖北、江西、江苏一部分地方，其后又沿鄱阳湖流域及赣江而至今日赣南及闽边诸地。③青徐诸州的移民，多集于今日江苏南部，旋后沿太湖流域徙于今日浙江及福建的北部。为便于讨论，他把青徐移民的出发地叫做中原东部，把内陆移民的出发地叫做中原西部。然后他说："闽、客方言之间的异同可从移民路线获得理解。闽方言先民的中原背景以出自中原东部（主要是山东）者为大宗，出自中原西部（主要是河南）为小宗。"而客家方言的先民主要是中原西部的并司豫诸州的移民。因此，古代司豫方言是客、闽方言的"共同背景（或背景之一）"。

刘纶鑫也曾说道，唐末大量北民（即上文所说的并司豫诸州的移民）南迁至赣南，并进而到达闽西宁化石壁。到了宋末，这些移民再大举南迁至粤东或闽南。很显然，入迁闽南的移民促成了客、闽方言的联系。

若从小片看，闽方言中闽南话与客家方言关系最深，李如龙对此已经作了全面考察和分析。他还指出这里面既有移民掺杂的历史原因，也有就近接触的地理原因。其中历史原因又主要在于：①唐末之后的客家第二期迁徙中，有的移民到达闽南。②在此之前也有入闽的北人（戍漳将兵及仕宦之家），他们所说的话（后来的闽方言）与唐五代入闽的北人所说的话当时可能比较接近，因而后来的客、闽方言也比较接近。

从以上来看，客、闽方言关系密切主要是因为闽南话地区的先民与客家方言地区的先民有相同来源。

客、赣方言都是从古赣语发展而来的，因此有些客、闽方言词在赣方言中也有体现，这些词很可能是闽方言与古赣语的关系词，例如"工天（量词）"（按：该词是近代汉语词。《通俗编》收有此条，曰："《律例》：'一日以百刻计，一工以朝至暮计。'"早期客家文献《一年使用杂字文》中有用例："做孝子，背弓弓，不敢剃头满百工。"粤中较少说"工"，多说"日"）。

客、闽方言产生密切关系除了上述原因外，还有另外两个次要原因：一是共同习染了闽越族语言，具有百越族底层词。二是客家方言主要是闽西、粤东、粤中片有渗入的闽方言词。例如"𡳞男阴"本为闽方言词，《字汇》力刃切："𡳞，闽人谓阴也。"今已为赣南小片之外的大多数客家方言所共有。

当然，客、闽方言的差异性是明显的。因为闽方言先民中的大宗是出自青徐诸州的后来经过太湖流域的移民，与客家方言先民即出自并司豫诸州的移民不同。

（五）客家方言的文化背景

客家方言的文化背景是山居稻作文化。

这可以从纵向和横向两个角度来看。从纵向看，客家先民未迁出中原地区时，生活空间是平原地带，农业种植以小麦为主。迁入大本营地区后，生活的空间是山区，农业种植以水稻为主。从横向看，虽然南方多山且种植水稻，但南方别的民系几乎都靠近大江、大湖或大海，或处于平原地带，有发达的江湖文化、海洋文化，商品经济较客家发达。因此，没有任何一个方言区的文化背景像客家方言一样有浓郁的山居稻作文化特色，尤其是就山居文化和稻作文化组成的整体而言。

（1）客家方言词汇中与山区生活和稻子种植相关的词语异常丰富。“山岭”类词语、“树木”类词语、“山区动物”类词语、“山区建筑”类词语、“稻田”类词语、“农具”类词语、“禾”类词语都很多。

有的词语颇具特色。如贬称、戏称乡下人为“山巴佬”、“山牯”、“山精”、“山精山怪”；很边远、很偏僻、很闭塞、很多山说成“系山”、“蛮山”，即“山”有形容词用法；对动物称哥，如“蛇哥”、“猴哥”，体现了与山区动物朝夕相处建立的和谐关系；“禾”类词语中有“畲禾”、“旱禾”，反映了客家稻子种植除了别地常见的水田种植，还有别地少见的旱田种植。

（2）客家方言中有一批外区罕见的特征词，该类词对内有很强的“一致性”，对外有很大的“排他性”，是客家方言的“代表”。通过深入分析它们所反映的社会内容，我们发现它们集中体现在山居稻作上。例如“崠山脊”、“屋崠屋脊”、“岩悬崖突出”、“湖小水坑、积水洼地”反映了客家山区的地理特点是山多湖少。

有的词语反映出客家人由于常年与农作物打交道而对农作物及用它制作的器具有细微观察和独特的称说，例如“精谷物子实饱满，与‘冇’

相对，如'精谷'"、"芋音［ia^2］，芋头刺激皮肤"、"秆扫扫把"。其中"精"的"饱满的"一义应是从它的"纯正、完美、精华"义引申而来。(《广韵·清韵》："精，正也，善也，好也。"《字汇·米部》："凡物之纯至者皆曰精。")"芋"本为名词，因它对皮肤有刺激性，在今客家方言里产生了"芋头刺激皮肤"这一动词义，读音为古音，与《广韵》平声虞韵羽俱切有关。指扫把的"秆扫"，反映了早期的扫把是用"秆"即稻草做成的（现在多用竹枝、芦苇做成）。

（3）客家方言中有不少熟语，它们反映出客家人的生活特征是：周围多山，多树，多野兽；"禾"即"稻子"，在农业生产中占主导地位，有番薯、芋头等对它进行补充；"牛"是必不可少的役使家畜，鸡、狗、猫在日常生活中有重要性。这些特征，表明客家文化就是山居稻作文化。

以梅县熟语为例，以上生活中的物象几乎都涉及了，包括居住环境与野生动物，如山、树、蛇、虎、猴子、老鹰等；农作物与家畜家禽，如禾、芋头、番薯、牛、鸡、狗、猪、鸭、猫等。这些山区常见的物象构成了梅县熟语中使用频率很高的表达符号，与它们相关的熟语是丰富的、大量的。以"山"、"树"、"禾"、"牛"为例，各引数例相关熟语如下：

A. 山。

平远五指石的山石陡峭，为客家山区地貌的真实反映（图片来源：平远县博物馆）

眼大不见山：比喻粗心大意，连眼前之物也看不见。

摸目上山——唔知高低：摸目，瞎子。瞎子爬山，看不见地势的高低，比喻不懂事理。

一山更有一山高：比喻天外有天，强中更有强中手。

一斗转唐山：唐山，侨胞对祖国或祖籍地的称呼。原意为在海外发了财就回家乡，引申为一下子发了大财。

B. 树。

大埔丰溪森林公园（图片来源：http://bbs.514200.com/thread－151742－1－1.html）

斜树难倒：体质弱者，多注重保养，故其寿年往往不短。

树身生得正，唔怕风来摇：犹言“身正不怕影子斜”。

人怕伤心，树怕剥皮：比喻人受刺激过甚而伤心，其损害有如树被剥皮。

C. 禾（含“米”、“秆稻草”）。

早禾莫莳隔夜秧，番禾莫莳隔夜田：早禾，早稻。番禾，晚稻。这说明早稻的秧苗当天拔的要当天插完。晚稻则要当天犁耙好的田地当天就插上秧苗，这样才能有利于作物的早生快长。

人怕老来穷，禾怕寒露风：人到老年，经济拮据，日子将不好过，有如晚稻扬花吐穗期，遇上寒露冷风的侵袭，会造成歉收甚至失收。

食老米：比喻失业或丢职。

落雨天孩秆，紧孩紧重：落雨，下雨。孩，担。秆，稻草。紧，愈，越。在雨中挑稻草，必然越来越重。比喻负担愈来愈重。

D. 牛。

再好草岗也有瘦牛：比喻自己不思进取，顺境也会变成逆境。

唔知牛死还系藤断：犹言“不知和尚先死，还是袈裟先烂”。

食生牛肉：受人诬赖，一时难于辩白，而不得不忍受吃亏。

牛牯拖唔平：牛牯，公牛。比喻食物不可能绝对平均或公平。

牛角唔尖唔过岗：比喻没有一定本事，不敢外出谋生。

这些物象在客家地区很常见，对客家人的生活有着重要影响。以牛为例，客家人常把它看成重要家产，因为耕田离不开它。因此，客家人特别怕牛发瘟疫。别的地方用来祈求丰收的“鞭春牛”仪式，客家人用来祈求牛不染瘟疫。例如，据明嘉靖《惠州府志》卷五《地理志》“风俗”条记载：“迎春：先日各里社扮戏剧鼓吹，导土牛迎于市，观者塞途。乡落不知干支之义，视牛色辨雨晴。以麻豆、赤米掷牛，云散瘟疫。”又据温仲和《嘉应州志》卷八《礼俗》记载：“立春：先一日，守土官率僚属迎沟茫、土牛于东郊。各坊饰男童扮故事，以兆丰登。彩棚台阁，周游城市，士女纵观。次日，鞭春打土牛，取土置牛栏上，牛不疫。”这不仅表明客家大本营地区历史上瘴气逼人，气候炎热，耕牛容易发生瘟疫，更表明客家人极其依赖耕牛，因而祈求它强健、安康。

从上述内容看，客家方言的文化背景确实是山居稻作文化。形成这种文化背景，有两个因素起了决定作用：一是客家大本营地区的地理环境；二是客家先民的生活经历。

客家大本营地区的地理特点是多山，客家谚语将此描述成“八山一水一分田”。文献对此有不少说明。例如明嘉靖《赣州府志·形胜》引历代文人文辞曰：“赣地最广大，山长谷荒。”《赣州府志》卷一《地理》中，则辑录了前人有关论述，如“山宽而田狭”。所以客家山歌唱道：“山中山谷起山坡，山前山后树山多。”客家先民来到之后，因地制宜，“有客必住山”。促使山居稻作文化中山居文化的产生。这样就可以理解为什么客家话又叫“山话”，为什么客家民歌叫“山歌”，为什么客家守护神叫“三山国王”，为什么客家人叫“山居之民”［清·杨澜《临汀汇考》：“瘠土沙土皆可种（暑芋），一亩之地可收十余担，山居之民以此代饭，可省半岁之粮”］、“山人”（客家山歌中有“山间山田荫山水，山人山上唱山歌”之语）、“半山客”（潮客比邻区潮州人称客家人）等诸多问题。

客家先民的主体是中原汉人。他们途经长江中下游一带，并在那里有相当长的生活经历。在那里，他们学会了水稻种植，掌握了水稻文化，后来他们进一步南迁至大本营地区，将水稻文化带入新的居住地，并发展成客家山居稻作文化中的稻作文化。此时的稻作文化，与最开始的水稻文化已经不完全一样了。水稻文化中只有“水稻”种植，稻田是“水田”，处于平原地带；稻作文化中还有“旱稻（畲禾）”种植，稻田主要是“梯田”，位于山坡上。旱稻是畲族在长期的开荒种山过程中培植出来的稻类作物。由于这种旱稻适宜山间种植，而且高产耐旱，故客家先民进入大本营地区之后，很快从畲族那里学到了这种旱稻的种植方法。据明清时期大本营地区各州县的地方志文献记载，这种“畲禾”在当时闽西和粤东北各地都有普遍的种植。梯田是山区的主要耕田形式，它自谷地逐级而上，直至半山。客家地区的耕田主要是梯田，有人认为它促使梯田文化的产生，并成为客家文化一个特质。例如司徒尚纪说：“宋以后客家人大量迁居岭南，……梯田文化固然应运而生，并作为客家文化一个特质，随着客家人四处迁移而流布各地……”

毋庸讳言，客家山居稻作文化下的生活很不理想，例如生活艰辛、贫穷，生命受到威胁；生产效率低，经济落后，等等。应该说，这些都是生存条件差而导致的结果。

为了更清楚地说明问题，以下列举一些与山居稻作文化背景相关的客家文化事象。

第一，二次葬。

二次葬在客家地区较盛行，而且较独特。“汉民族中，明清以来流行二次葬的，似乎只有客家人。”（王东，1996）明嘉靖《惠州府志》卷五《地理志》“风俗”条：“或惑于风水，启土易棺。火化而改葬者。”到了清代，此风更是盛行一时。如温仲和《嘉应州志》卷八《礼俗》引王引之编《嘉应州志》记载：“（嘉应州）各县惑于风水之说，有数十年不葬者。葬数年必启视，洗骨，贮以瓦罐。”客家人离开大本营辗转他乡时，还把这一习俗带到乔迁之地。例如大本营外的赤溪（今台山），据《赤溪县志》：“（赤溪）葬惑于风水之说，有数十年不葬者，葬数年必启视，骸骨贮以瓦罐。”产生和盛行这一风俗的原因引文已经交代得很清楚，是“惑于风水”。“惑于风水”的原因又在于客家山居稻作文化，因为这种文化下的生活贫穷而险恶，所以人们自然把更多的希望寄托在神灵、风水上。

有人认为“惑于风水之说”难以让人信服，因为风水之说在别地也广泛流行，而认为主要原因在于客家民系那长期的颠沛流离的迁移历史，是迁徙过程中生人背负死者尸骨的行为，导致定居后二次葬的盛行。其实南方其他民系的先民也多经过迁徙的历史，但为什么他们没有像客家人一样产生或保存“二次葬”习俗呢？可见，“迁移说”

更难令人信服。

我们之所以赞成“风水说”，是因为客家地区生存条件比别的民系更艰苦，所以更在意，也更需要“风水”的力量——希望它庇佑生活幸福太平，子孙昌盛发达。

另外有个旁证是，客家地区盛行风水观念和风水术，在宋代已形成具有浓厚客家特色的风水流源——江西形势派（实赣南派）。明清时期，风水活动已经成为一种风俗普及于赣、闽、粤广大客家地区，风水观念则作为一种文化积淀深深浸透于人们的心灵之中。表现之一是这一时期各地遍建风水塔，人们相信这可以祈福消灾，如在河流的转弯处或交汇处建水口塔以镇水患，在城镇附近的山上建文峰塔以祈文教昌盛、科宦发达等。表现之二是风水思想成为人们的行为准则而具有约束力。（林忠礼、罗勇，1997）

第二，女子天足。

客家女子不缠足，即所谓“天足”。文献史籍屡有记载，如《清稗类钞·风俗类》说客家妇女“向不缠足，身体硕健，而运动自由”。黄遵宪对这种习俗甚为赞赏，他说：“西人束腰，华人缠足，唯州（嘉应州）人无此弊，于世界女人最完全无憾矣。”

有人认为这种现象是受少数民族同化而产生的，但这里的主观臆测性成分很多。广府人的地盘原是“越地”，为什么广府妇女没有受少数民族同化？我们认为，客家妇女天足，其实是山居稻作文化下的生活要求。因为在这种生活中，如果缠足，就会导致出远门、走山路的不便，以及上山下田劳动不便。

这里实际上又牵涉到客家妇女吃苦耐劳的品格。关于这一点，各地都不乏这样的记载。《嘉应州志》卷八《礼俗》：“州俗土瘠民贫，山多田少，男子谋生，各抱四方之志，而家事多任之妇人。故乡村妇女，耕田、采樵……盖女工男工之事皆兼之矣……”清乾隆《大埔县志·风俗篇》：“妇女妆束淡素，椎髻跣足，不尚针刺，樵汲灌溉，勤苦倍于男子，不论贫富皆然。”《蜀北客家风光》：“客家人的妇女最勤苦莫过的，……她们习惯了劳动，并不以为苦的。”

客家妇女之所以要吃苦耐劳，要“女工男工之事皆兼之”，就是因为生存条件、生活水平要求她们这样做。试想，如果客家妇女不吃苦耐劳，不参加各项农业生产，生活能够好起来吗？而这种生活，缠成小脚能适应吗？

第三，围龙屋。

客家典型围龙屋民居“祝庆楼”

（吴耀东供图）

围龙屋简称“围屋”，是客家地区颇具特色的民居建筑形式，主要见于粤东地区。它与北京的四合院、陕西的窑洞、广西的杆栏式和云南的一颗印，合称为中国民间五大传统民居建筑形式。它充满了浓郁的客家风情，充满了客味。

围龙屋是扩大了的殿堂式建筑。它的后围建成马蹄形状，叫“围龙”，一般为一条围龙，多的有两三条围龙。它往往利用山坡、丘陵，依山而建，因此结构多是前低后高；屋内房间数十百间，可以住上几代数十上百户人家；最外面的围墙很高，窗子却开得很小，因此显得壁垒森严；前面有晒谷场，俗称“禾坪”；建筑材料以木材为主。

这一建筑形式，我们认为也是山居稻作文化下的产物。依山而建、前低后高是山区地理决定的。数十百间房间合于一宅，几代人同居一屋，既是为了充分利用山区有限的建筑平地，又是为了加强家族的团结，增强集体力量，以便共同战胜敌人（别的民系、原居民、山区野兽），征服自然（山区险恶环境），渡过生活的难关。壁垒森严是防范敌人、保卫自己的需要。禾坪是水稻种植业的需要。建筑材料以木材为主是因为山区多木材。

闽西民居建筑“群体住宅”和“土楼”，赣南民居建筑“厅屋式”和“土围子”，与围龙屋有类似特点，也是山居稻作文化的产物。

福建土楼（图片来源：百度）

赣南围屋（图片来源：百度）

第四，重农轻商。

客家人重农轻商，大本营地区各地皆如此。例如，据明嘉靖《赣州府志》：

龙南："民惟力耕，不知商贩。"
石城："男稼穑不商贾。"

据明嘉靖《汀州府志》：

宁化："男不逐末而事农功。"
清流："人民务耕种。"

据明嘉靖《惠州府志》：

河源："农勤耕稼，不务商贾。"
龙川："民朴无诈，惟务农力田，习技为商者寡。"
长乐："民乐生业，易为衣食。性颇淳朴，不事远商。"
兴宁："民无机巧……务农者多。"

客家熟语于此有丰富的例证。例如："无心种田，无米过年。""街上买唔当田里扒（唔当：不如）。""生意钱眼前钱，耕田钱万万年（意思是说，做生意赚来的钱是不长久的）。""财多身弱。"

这种现象显然也是山居稻作文化生活产生的必然结果。山区交通不便，不利于商业流通；以稻子种植为主的农业生产产生的是自给自足的小农经济，商品经济较难产生。

时至今日，客家农村地区的商品经济仍然不发达。不少地方还有物物交换的商业行为，例如用鸭毛、破凉鞋去换糖果等，这种交换行为客家人称为"较"，意为物物相易时比较其价值是否相当。

第五，崇文重教。

客家人崇文重教，而且这种观念深入人心。客家地区广泛流传着这样的童谣："月光光，秀才郎；骑白马，过莲塘……""蟾蜍罗，咯咯咯，唔读书，无老婆。山鹧鸪，咕咕咕，唔读书，大番薯。”这两首童谣充分反映了客家人崇文重教观念之深，而且表明客家儿童从小就被灌输这种观念。客家谚语也不乏这样的思想观念：“耕田爱（要）养猪，养子爱（要）读书。”“子弟不读书，好比没眼珠。”“不识字，一条猪。”“不识字，蚯蚓一粪箕。”“不识读书，有目无珠。”正是这种思想观念，使得海外客家人在所有的公益事业中，最关心、最愿意资助教育事业。据统计，梅州市1988年接受客家华侨捐资1 682.88万元，占当年全市教育投资额的18.2%。

客家匾额“惠及士林”（陈焕荣供图）

客家匾额“热心教育”（陈焕荣供图）

这种观念自然导致客家文化教育的兴盛。以梅州为例。梅州素有“文化之乡”的美誉，一直盛行崇尚读书、发展教育的传统。清代雍正年间，梅州地区设立嘉应州以后，每年参加童生考试的都在万人以上，为岭南各地所罕见。（房学嘉等，2001）清乾隆十三年（1748），嘉应州知州王知正在州衙照壁上题了“人文秀区”四字。

客家匾额“国魁”（陈焕荣供图）

客家匾额“拔元”（陈焕荣供图）

客家匾额“（例）进士”（陈焕荣供图）

这种观念，有人认为源于中原。我们认为，真正的原因也在于山居稻作文化下的生活。聚居地山多田少，水冷土瘦。生活困苦，出路何在？旧时，被认为只有读书出仕这一条路。据《舆地纪胜》，南宋绍兴年间，梅州知州方渐曾直言：“梅人无植产，恃以为生者，惟读书一事耳。”法国天主教神父赖理查斯说：“为什么梅县的教育会如此发达呢？我觉得最大的原因是它的环境促成的，因为这个地方山多田少，粮食不足，男子必须外出谋生，而学习谋生技能，必须先知书识字……”客家谚语于此有旁证：“地瘦栽松柏，家贫子读书。”

第六，强烈的母语意识。

客家民系有强烈的母语意识，顽强地守护客家方言，谚曰：“宁卖祖宗田，不忘祖宗言。”这不仅仅表现在口头上，而且表现在行动上。今天，客家人相互之间尤其是广东客家人之间都能通话，这是行为的结果。这种意识还被外迁的客家人带到广西、四川、香港、台湾及东南亚一带，至今他们的客家方言和迁出地的客家方言仍大同小异。

在汉民族各民系中，唯客家人有这种有意地顽强保持母语的心理意识。有人认为，这是客家人崇祖返本观念的产物。我们认为，这是山居稻作文化背景下客家人为了保持民系团结而形成的语言固守心理。为了在险恶的生存条件下战胜来自外人的威胁，客家人有强烈的认同和团结意识，而认同和团结的首要标准自然是看对方是否讲客家方言，这时客家方言充当了非常重要的联结纽带，有了它就可以把分散的力量集中起来，就可以获得斗争所需要的团结。

“祖宗田”不一定能维持团结，“祖宗言”却可以维持团结。而“团结就是力量”，有了客家方言，客家民系在与外人的争斗中就可以立于不败之地。

第七，山歌。

山歌在客家地区盛行。客家人用它来反映劳动生活、风土人情、社会风貌、内心感情、理想追求等，内容十分丰富。凡所见所闻所感，都可以入歌。其种类繁多，有情歌、劳动歌、劝世歌、行业歌、习俗歌、谜语歌、叙事歌等。它往往即景而唱，隔山互对，因而声调较高，音域较宽，音韵悠扬，意味深长。

历史上，客家地区就盛行山歌。据明嘉靖《惠州府志》记载，当时的惠州一带，“乡落之民，每遇月夜，男女聚于野外浩歌，率俚语”。惠州府属各县也是如此。如兴宁县，“男女饮酒混坐，醉则歌唱”。如长乐县，“饮酒则男妇同席，醉或歌唱，互相答和”。又如龙川县，“月夜男女浩歌”。（王东，1996）

有人认为，客家山歌是客家先民迁入大本营地区以后，接受了畲、瑶族等少数民族山歌形式才产生并逐渐充实起来的。其实，汉族有悠久的民歌传统，例如《诗经》中的“国风”。客家先民完全有可能将这一传统形式带入大本营，在山居稻作文化下把它发扬光大，并一直保留到今天。所以，山歌能在客家地区盛行和保留，完全是山居稻作文化的功劳。客家山歌至今仍在传唱：“山间山田荫山水，山人山上唱山歌。”没有“山”，就没有“山歌”。

黄土高原盛行“信天游”，江南水乡盛行“江南小调”，客家山区当然应该盛行“山歌”。

第八，三山国王。

三山国王通常被认为是客家始奉和客家地区独有的“守护神”，台湾尤为普遍。陈运栋在《客家人》中说：“三山国王，为客家人移民的守护神。”现在的客家地区，有不少的三山国王庙。农历正月时，客家人便会进庙烧香，祈求风调雨顺，人畜平安。

三山国王庙（图片来源：百度）

相传，三山国王本为隋代连、乔、赵三人，因救圣驾有功而封王，镇守潮州、梅州、惠州交界处的三座名山——巾山、明山、独山。随着三山国王信仰的传播，在不同时期、地域，其传说不断丰富和发展。这个传说揭示了三山国王始于客家地区，但没有揭示客家地区产生三山国王的原因。

我们认为，三山国王产生的原因在于山居稻作的文化背景。客家地区多山，地势险恶，生活贫苦，自然很容易产生山神并得到人们的普遍信奉。客家人需要从山神那里得到保护，获得心安。然而，客家人仅仅需要这些与环境——山相关的神的庇佑而已，至于这些神的脸谱、寿诞、拜祭仪式，各地可以完全不同。以寿诞为例，揭西是农历正月二十五，大埔是农历五月初四、初五，梅县是农历九月初十，等等。

以上八种重要的客家文化事象，是客家文化的主体，也是客家文化的代表。通过上述分析，我们可以看出，它们都和客家山居稻作文化相关，都是客家山居稻作文化的产物。以往对它们的分析，多把目光放在中原文化或外来文化（畲、瑶族文化）上，认为它们是继承中原文化或学习畲、瑶族文化的结果。上述分析表明，对它们的分析，可能要把目光更多地放在地域文化——客家山居稻作文化上面。

从本质上说，山居稻作文化是山区小农经济的文化体系，是一种山区农业文化，随着客家地区商品经济的发展和客家人的海外迁移，新的文化形态，即商业文化和海洋文化，必然会产生并融入客家文化、丰富客家文化，但这并未改变山居稻作文化的本质。一方面，客家主体居住的环境和生产方式依然未变，他们仍生活在山区，仍然从事稻作生产。例如梅州自20世纪90年代以来，一直以发展“三高”农业为主要任务。另一方面，客家人的思想稳固性必然会使文化观念、文化方式根深蒂固，即便是海外的客家人，他们也会带去这种文化印记。

例如，从职业看，与海外广府人和海外福佬人多在城镇经商相比，海外客家人多在山区乡村从事种植等职业。

学界还经常提到客家精神，虽然文字表述上有所不同，但基本内容是相同的。这里以《世界客属人物大全》引言所归纳的四点为例：①刻苦耐劳；②刚强弘毅；③辛勤创业；④团结奋斗。可以看出，这四点其实都是山居稻作文化的产物或要求。这反过来又证明了客家方言的文化背景就是山居稻作文化。

二　客家方言的语音

黄遵宪在光绪十七年（1891）写的《与胡晓岑书》中说：“谓吾乡土音，多与中原音韵符合。退而考求，则古音古语，随口即是。”黄氏所说极是，客家方言保留了许多古代汉语语音特征，古韵犹存（词汇亦然，详见“客家方言的词汇”中“客家方言的古语词”部分）。本章介绍客家方言的语音。

（一）客家方言的语音特点

此处以梅县话为例，介绍客家方言的语音特点（标注国际音标，送气符号用“h”表示，数字表示声调的调值，音系参见下文）。

（1）浊音清化平仄皆送气。例如：白 $p^{h}ak^{5}$、备 $p^{h}i^{53}$、大 $t^{h}ai^{53}$、驼 $t^{h}o^{11}$、求 $k^{h}iu^{11}$。

（2）非敷奉常用字有 p、p^{h} 读法。例如：肥 $p^{h}i^{11}$、斧 pu^{31}、吠 $p^{h}oi^{53}$、冯 $p^{h}uŋ^{11}$。

（3）微母今白读有 m 声母的读法。例如：蚊 mun^{44}、尾 mi^{44}、望 $moŋ^{53}$。

（4）泥来母逢今洪音 n、l 有别。如：脑 nau^{31}、老 lau^{31}、南 nam^{11}、蓝 lam^{11}。个别来母字的声母为 n，如：揽 nam^{31}、颅头颅，俗写作“头那”，“那”即“颅” na^{11}。

（5）部分古来母字今逢细音读 t 声母，如“里背里面”之“里”读 ti^{44}。

（6）知组三等字知章昌母字有个别字读 t、t^{h} 声母。例如：知 ti^{44}、啄 tuk^{1}。

（7）精组不分洪细，见组分洪细，尖团不混。不论洪细，精组为

ts、ts^{h}、s，见组为 k、k^{h}、h。

（8）部分邪母字读清塞擦音。例如：谢 ts^{h}ia^{53}、徐 ts^{h}i^{11}、袖 ts^{h}iu^{53}、寻 ts^{h}im^{11}、松松树 ts^{h}iuŋ^{11}。

（9）部分书母字读清塞擦音。例如：赊 ts^{h}a^{44}、鼠 ts^{h}u^{31}、始 ts^{h}ɿ^{31}、试 ts^{h}ɿ^{53}、深 ts^{h}əm^{44}。

（10）部分见母字读如溪母字。例如：菊 k^{h}iuk^{1}、箍 k^{h}u^{44}、阄 k^{h}eu^{44}、估 k^{h}u^{44}、沽 k^{h}u^{44}、俱 k^{h}i^{53}、戈 k^{h}o^{44}、襟大襟衫 k^{h}im^{44}、级 k^{h}ip^{1}、厥晕厥 k^{h}iat^{1}。

（11）部分溪母字读 h 或者 f。例如：坑 haŋ^{44}，溪 hai^{44}，起 hi^{31}，器、汽、气、弃 hi^{53}，去 hi^{53}，肯 hen^{31}，糠 hoŋ^{44}，渴 hot^{1}，苦 fu^{31}，裤 fu^{53}。

（12）部分匣母字读 f 或 v。例如：禾 vo^{11}、黄 voŋ^{11}、湖 fu^{11}。

（13）晓母合口字读 f 声母，韵母为洪音。例如：虎 fu^{31}、花 fa^{44}、火 fo^{31}、慌 foŋ^{44}。

（14）影母逢今洪音不读 ŋ 声母。例如：安 on^{44}。

（15）同摄之内（山、蟹等摄）一、二等不同范围内有不同读音。例如：肝（一等）kon^{44}—艰（二等）kian^{44}；该（一等）koi^{44}—皆（二等）kiai^{44}。

（16）遇摄字“五”有白读音 ŋ 的读音。

（17）宕摄开口一等唐韵与江摄二等江韵字相混。例如：江 koŋ^{44}、唐 t^{h}oŋ^{11}、帮 poŋ^{44}。

（18）部分江摄字读如通摄。例如：窗 ts^{h}uŋ^{44}、双 suŋ^{44}、浊 ts^{h}uk^{5}、镯 tsuk^{1}、浞游泳呛到水 ts^{h}uk^{5}、涿淋（雨）tuk^{1}、琢 tuk^{1}、啄 tuk^{1}、瀑虫子叮咬后皮肤轻度的红肿 p^{h}uk^{5}。

（19）曾摄开口一等字与梗摄开口二等字（文读）不分。例如：曾 tsen^{44}、朋 p^{h}en^{11}。

（20）梗摄字白读音为 aŋ、iaŋ。例如：耕 kaŋ^{44}、病 p^{h}iaŋ^{53}。

（21）四等韵有读洪音的，齐韵字最典型。例如：泥 nai^{11}、弟 t^{h}ai^{44}。

（22）部分歌部字保留古音，读 ai 韵母。例如梅县话：我（方言字作“
𠊎”）ŋai^{11}、荷挑 k^{h}ai^{44}、“拖红薯苗拖藤” t^{h}ai^{44}。

（23）部分鱼部字保留古音，读 a 或 ia 韵母。例如：颀 na^{11}、据手脚冻僵 kia^{44}、摸抚摩 mia^{44}、距跨越 k^{h}ia^{53}。

（24）无撮口呼。例如：雨 i^{31}、芋 vu^{53}。

（25）古阳声韵 -m、-n、-ŋ 韵尾三分。例如：咸 ham^{11}、闲 han^{11}、行 haŋ^{11}。

（26）入声韵保留 -p、-t、-k 韵尾三分。例如：鸭 ap^{1}、辣 lat^{5}、格 kak^{1}。

（27）声调为六类，平入各分阴阳，上去杂为二调。即阴平、阳平、上声、去声、阴入、阳入。

（28）古入声字今声调按清浊分读两调，有阴入、阳入声调。

（29）次浊入声有两个走向，或与清声母同调，或与浊声母同调。例如：日 ŋit^{1}、月 ŋiat^{5}。

（30）部分全浊上声常用字读归阴平。例如：被 p^{h}i^{44}、弟 t^{h}ai^{44}、淡 t^{h}am^{44}、断 t^{h}on^{44}、动 t^{h}uŋ^{44}、在 ts^{h}oi^{44}、柱 ts^{h}u^{44}、重 ts^{h}uŋ^{44}、舐 sai^{44}、徛 k^{h}i^{44}、近 k^{h}iun^{44}、坐 ts^{h}o^{44}、舅 k^{h}iu^{44}、旱 hon^{44} 等。

（31）部分古次浊平声、古次浊上声读阴平。例如：毛 mau^{44}、蚊 mun^{44}、拿 na^{44}、楼 lau^{44}、鳞 lin^{44}、笼 luŋ^{44}、聋 luŋ^{44}，以上为次浊平字；马 ma^{44}、买 mai^{44}、尾 mi^{44}、满 man^{44}、猛 maŋ^{44}、暖 non^{44}、懒 lan^{44}、两 lioŋ^{44}、冷 laŋ^{44}、领 liaŋ^{44}、岭 liaŋ^{44}、软 ŋion^{44}、忍 ŋiun^{44}、咬 ŋau^{44}、有 iu^{44}、友 iu^{44}、野 ia^{44}、痒 iaŋ^{44}、养 ioŋ^{44}，以上为次浊上字。

（32）部分古阴上字今读阴平。例如：表手表 piau^{44}、组 tsɿ^{44}、估 k^{h}u^{44}、普 p^{h}u^{44}、企 k^{h}i^{44}、巧 k^{h}au^{44}。

这些语音特点，少数是上古语音特征，大多数是宋代语音特征，与宋代韵书《广韵》和元初韵书《中原音韵》（反映了宋末元初的语音面貌）吻合处较多。其中的原因是客家方言大致形成于宋代，保留了较多的宋代语音特征。

（二）客家方言的音系

以下是客家方言代表梅县话的音系（参见温昌衍《客家方言》的第 40～42 页）。

（1）声母 16 个（不含零声母），列表如下。

发音方法		发音部位					
		双唇	唇齿	舌尖前	舌尖中	舌面后	喉音
塞音	不送气	p 巴布			t 多端	k 哥家	
	送气	p^h 怕别			t^h 太豆	k^h 可共	
塞擦音	不送气			ts 祖针			
	送气			ts^h 粗郑			
鼻音		m 门尾			n 南蚁	ŋ 牙耳	
边音					l 来路		
擦音	清		f 夫花	s 苏沙			h 何限
	浊		v 文王				

说明：①k、k^h、ŋ、h 与［i、i－］相拼时，实际发音部位是舌面中音。②k、k^h 与［i－］（iu、iun、iuŋ、iut、iuk 除外）相拼时，还有一个舌面前塞音过渡音 ȶ、$ȶ^h$。③h 与［i－］（iu、iun、iuŋ、iut、iuk 除外）相拼时，则有一个舌叶擦音过渡音 ʃ。

（2）韵母 74 个（含声化韵 m、n），列表如下。

	开口呼	齐齿呼	合口呼
开尾韵	ɿ 思初	i 衣威	u 布朱
	a 巴话	ia 姐野	ua 瓜跨
	e 细洗	ie（kie^{44}：他的）	
	o 哥货	io 靴茄	uo 过果
	ai 再	iai 界解	uai 乖快
	oi 害外		
		iui 锐	ui 对内
	au 包刀	iau 晓小	
	eu 某后	iu 流九	

（续上表）

	开口呼	齐齿呼	合口呼
鼻尾韵	əm 针深	im 林心	
	am 三南	iam 欠嫌	
	em 森岑		
	ən 真身	in 民亲	
	an 半难	ian 见件	uan 关惯
	en 根丁	ien 边天	uen 耿亘
	on 安端	ion 软	uon 官贯
		iun 运忍	un 本分
	aŋ 冷硬	iaŋ 饼惊	uaŋ 矿
	oŋ 长讲	ioŋ 凉相	uoŋ 光广
		iuŋ 龙虫	uŋ 东公
塞尾韵	əp 汁湿	ip 急入	
	ap 甲法	iap 业叶	
	ep 粒瑟		
	ət 室直	it 笔日	
	at 八袜	iat 结月	uat 括刮
	et 北色	iet 雪铁	uet 国
	ot 说割	iot（tsiot^5：吮吸）	
		iut 屈曲	ut 出骨
	ak 伯石	iak 壁额	uak 砸
	ok 剥落	iok 脚确	uok 郭
		iuk 足玉	uk 叔谷
声化韵	m 唔、n 你鱼		

说明：①［em、en、ien、uen、ep、et、iet、uet］中的［e］的音值为［ɛ］。②［on、ion、uon、oŋ、ioŋ、uoŋ、ot、ok、iok、uok］中的［o］音值为［ɔ］。③根据实际音值，声化韵 n 也可以记作 ŋ。

（3）声调 6 个，列表如下。

调类	阴平	阳平	上声	去声	阴入	阳入
调值	44	11	31	53	1	5
例字	花舟	华南	比米	布豆	八曲	获绿

（三）客家方言语音与中古音的对应

此处以梅县话为例，介绍客家方言语音与中古音的对应关系（参见温美姬《梅县方言古语词研究》的第 15 页）。

1. 声母

中古的声母传统上用三十六个汉字来表示，这三十六个汉字叫“三十六字母”。它们是：帮滂并明，非敷奉微，端透定泥，知彻澄娘，精清从心邪，照穿床审禅，见溪群疑，晓匣影喻，来日。其中的“照穿床审”又可细分为“庄初崇生”和“章昌船书”。梅县话声母与这些字母的对应关系如下：

p—帮、非

p^h—滂、并、奉

m—明、微

f—非、敷、奉、溪（个别）、晓、匣

v—微、影、云、匣

t—端、知（个别）

t^h—透、定

n—泥

l—来

ts—精、庄、章、知

ts^h—清、从、邪（个别）、彻、澄、昌、初、崇

s—心、邪、生、船、书、禅、崇（个别）

k—见

k^h—见（个别）、溪、群、匣（个别）

h—晓、匣、溪

ŋ—疑、日

Ø—影、以、云、日

2. 韵母

中古的韵母分十六摄（“摄”大致是比较相近的一类韵母的集

合）：果、假、遇、蟹、止、效、流、咸、深、山、臻、宕、江、曾、梗、通。前七摄只有舒声韵，后九摄还有入声韵。梅县话韵母与这十六摄的对应关系是：

ɿ—止、蟹、遇
i—蟹、止、遇
u—遇、流（个别）
a—假、遇（个别）
ia—假
ua—假
e—蟹、果
o—果、效（个别）
io—果
uo—果
ai—蟹、止、果（个别）
iai—蟹
uai—蟹
oi—蟹
ui—蟹、止
iui—蟹、止
au—效
iau—效
eu—流
iu—流
əm—深
im—深
am—咸
iam—咸
em—深
ən—臻、梗
in—臻、曾、山（个别）
an—山
ian—山
uan—山
en—臻、曾、梗、山（个别）
ien—山
uen—梗、曾
on—山
ion—山
uon—山
un—臻
iun—臻
aŋ—梗
iaŋ—梗
uaŋ—梗
oŋ—宕
ioŋ—宕
uoŋ—宕
uŋ—通、江
iuŋ—通
əp—深（入声）
ip—深（入声）、梗（入声）
ap—咸（入声）
iap—咸（入声）
ep—深（入声）
ət—臻（入声）、梗（入声）
it—臻（入声）、梗（入声）
at—山（入声）
iat—山（入声）
uat—山（入声）

et—山（入声）、臻（入声）、梗（入声）、曾（入声）

iet—山（入声）

uet—曾（入声）

ot—山（入声）

ut—臻（入声）

iut—通（入声）

ak—梗（入声）

iak—梗（入声）

ok—宕（入声）、江（入声）

iok—宕（入声）

uok—宕（入声）

uk—通（入声）

iuk—通（入声）

m、n（声化韵）—遇（疑母）

3. **声调**

中古声调有八个：阴平、阳平（全浊平、次浊平）、阴上、阳上（全浊上、次浊上）、阴去、阳去（全浊去、次浊去）、阴入、阳入（全浊入、次浊入）。梅县话声调与中古声调的对应关系如下：

梅县话声调	中古来源
阴平	古清平、古次浊平、古次浊上、古全浊上
阳平	古次浊平、古全浊平
上声	古清上、古次浊上
去声	古全浊上、古清去、古浊去
阴入	古清入、古次浊入
阳入	古次浊入、古全浊入

此外，还有少数古全浊平和古清上归阴平，古全浊入今读为阴入，古清入今读为阳入。

（四）客家方言语音的内部差异

客家方言语音有内部一致性，也有内部差异性。就梅州来说，嘉应小片的蕉岭话、平远话与梅县话语音接近，兴华小片的兴宁话、五华话、大埔话、丰顺话语音与梅县话语音相差稍大一些，例如塞擦音声母，嘉应小片各方言都只有一套齿音声母即平舌音；兴华小片各方言都有两套齿音声母，一套平舌音，一套卷舌音（或舌叶音）。同一小片内部也有语音差异，例如五华客家话和大埔客家话就有明显差异，如五华话的“阿邱”（称呼姓邱的先生或女士、小姐，有亲切意味），用大埔话来说，就成了“阿舅”（五华话里，邱 ʂu^{44}≠舅 k^{h}iu^{44}；大埔话里，邱 k^{h}iu^{44} = 舅 k^{h}iu^{44}）。

总的来说，与词汇和语法相比，客家方言语音的内部差异是较为突出的，也是最为显著的。分属不同小片的人们沟通交流虽然不成问题，但是由于语音或其他方面的差异，仍然存在一定的障碍。

饶秉才主编的《客家音字典》

谢永昌的《梅县客家方言志》

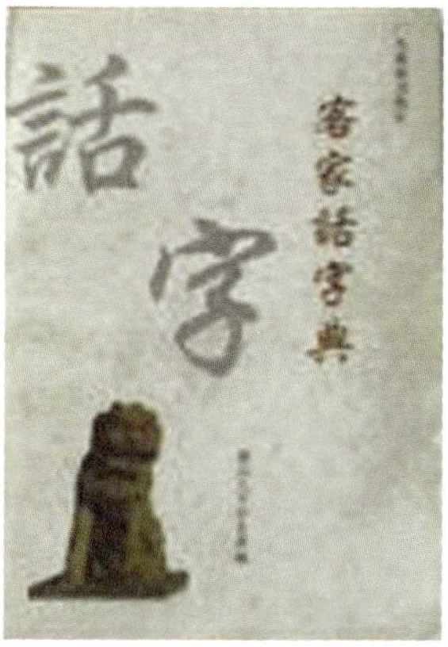

侯复生主编的《客家话字典》

三　客家方言的词汇

（一）客家方言词汇概说

客家方言在词汇方面有自己的一些特点，这一点不少学者都已提及。大致来说，客家方言词汇的特点有以下九个。

第一，单音词比较丰富，特别是动词和形容词。如梅县话的食（吃）、寻（寻找）、知（知道）、愿（愿意）、吓（吓唬）、徛（站立）、行（行走）、惊（害怕）、饥（饥饿）、闲（空闲）、暖（暖和）、恶（凶恶）、净（干净）、阔（宽阔）、寒（寒冷）、暗（黑暗）等。

第二，保存比较多的古语词。例如梅县话的亲属称谓词（下文“客家方言的古语词”部分）：

阿公：祖父。唐·李延寿《南史·颜延之传》：“尝与何偃同从上南郊，偃于路中遥呼延之曰‘颜公’，延之以其轻脱，怪之，答曰：‘身非三公之公，又非田舍之公，又非君家阿公，何以呼为公?’”元·李文蔚《同乐院燕青博鱼》第一折：“（燕二云）你不是歹人，是贼的阿公哩!”南戏《杀狗记》第二十出：“（外）是谁?（丑）阿公，我是安童。”

阿婆：祖母。此词本指母亲，如《乐府诗集·横吹曲辞五·折杨柳枝歌二》：“阿婆不嫁女，那得孙儿抱。”唐以降指祖母，唐·李延寿《南史·齐纪下·郁林王》：“帝谓豫章王妃庾氏（帝之叔祖母）曰：‘阿婆，佛法言有福生帝王家。’”元·揭傒斯《梦两雏》：“雨声断道风惊屋，阿婆独抱诸孙哭。”

阿姊：姐姐。此词为古北方方言词。北朝民歌《木兰诗》：“阿姊闻妹来，当户理红妆。”后代沿用，如唐·白居易《和李势女》：“抚背称阿姊，归我如归乡。”唐·李商隐《骄儿诗》：“阶前逢阿姊，六甲颇输失。”

阿哥：哥哥。宋·无名氏《大宋宣和遗事》后集：“如今阿哥被灵州同知使往燕京下文字，不久亦须此来。”《二刻拍案惊奇》卷三七：“走到间壁，叫声‘阿哥’！”《官场现形记》第八回：“难末，倪又勿懂哉。倪格娘有个过房儿子，算倪的阿哥，从前也勒一爿洋行里做买办格。”

其实，传统意义上的客家方言研究主要是客家方言古语词的研究，例如嘉庆初年镇平人（今蕉岭）黄钊的《石窟一征》、光绪二十四年（1898）温仲和所纂的《嘉应州志》卷七《方言》、光绪三十三年（1907）杨恭桓所撰的《客话本字》、清末学者章太炎的《新方言》（内附《岭外三州语》一卷）以及集诸书之大成者的民国初年罗翙云的《客方言》等。

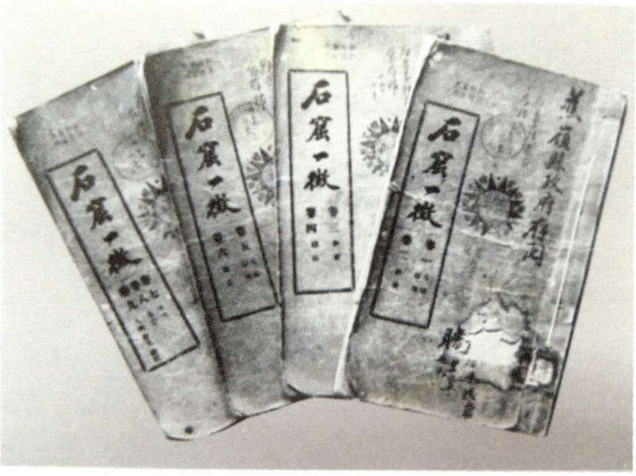

黄钊的《石窟一征》

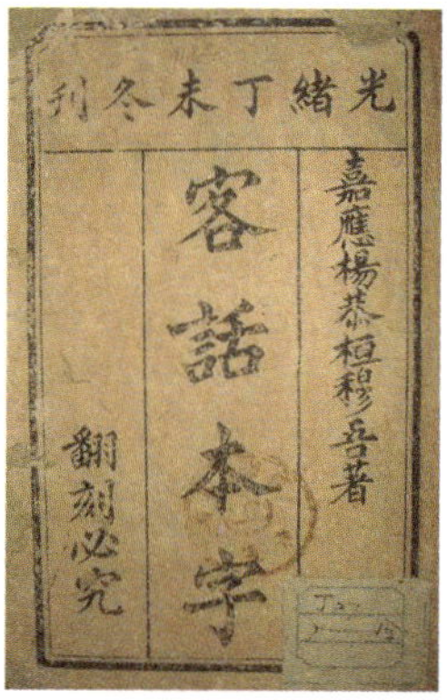

杨恭桓的《客话本字》
（黄纯彬提供）

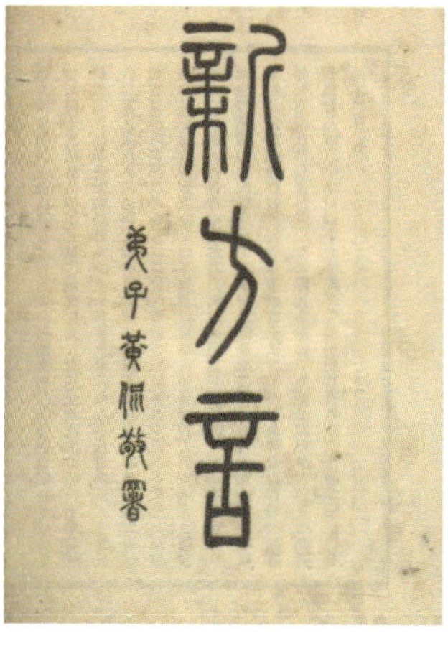

章太炎的《新方言》

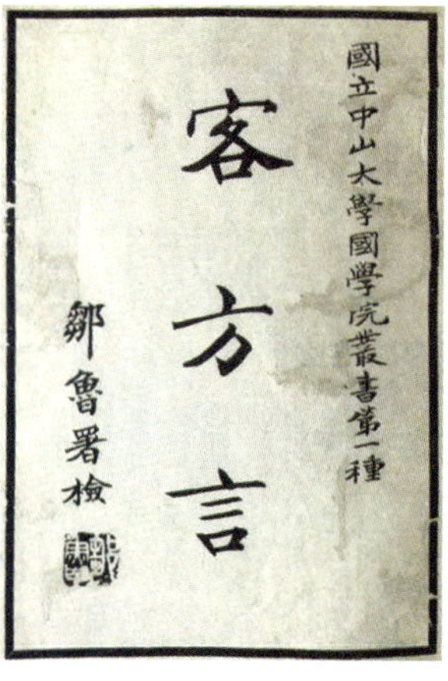

罗翙云的《客方言》

第三，存在一些表现方言特色的语词。如以“牯”表动物的雄性，以“嫲”表动物的雌性，用“猴哥”称呼猴子，用“蚁公”称呼蚂蚁，用“鼻公”指称鼻子，用“笠嫲”表示斗笠，用“番豆”表示“花生”，以“倈”称儿子，用“细人”称呼小孩子，用“等郎妹”指童养媳，用“斋嫲”表示尼姑，用“家官”指称家公，用“四六货”指神经不正常等。一些避讳词语也较有特色，如梅县话称报丧为“报生”，治丧叫“做好事”，送丧叫“上岭”或“还山”，出殡说“出山”，二次葬挖尸骨叫“捡金”，棺材叫“长生板”，死人穿戴的衣、鞋、帽分别称为“寿衣”、“寿鞋”、“寿帽”，猪血叫“猪红”，还有将餐桌上的鱼“翻过来”要说“顺过来”。

第四，广东的客家方言由于与粤方言和闽方言比邻或混杂，也借用了一些粤方言和闽方言的词语，例如梅县话的“番枧”（肥皂）、“大褛”（大衣）等。就借用粤方言词来说，梅县话的例子还有耕田（种田）、手扼（手镯）、猪粉肠（猪小肠）、猪脷（猪舌头）、啱啱（刚好）、火水（煤油）、遮（雨伞）、蚀底（或“蚀本”，吃亏）、云吞（馄饨）。江西的客家方言借用了周围的赣方言词（如馄饨说“清汤”），福建的客家方言借用了闽方言词（如馄饨说“扁食”）。

黄雪贞的《梅县方言词典》

第五，客家方言对于外来物，多加“洋”或“番”表示，如梅县话“番薯”（地瓜）、“洋油”（煤油）等；有的则加“红毛”或“荷兰”表示，如梅县话“红毛泥”（水泥）、“荷兰葱”（洋葱）、“荷兰薯”（马铃薯）等。以上是意译词。此外还有音译词，如“□西［la^{11} si^{44}］”（领带，印尼话为“dasi”）、“短□欵［ton^{31} kat^{5} · te］”（拐杖，印尼话为“tong kat”）、“罗蒂［lo^{11} ti^{53}］”（旧称饼干或面包，印尼话为“roti”）。（详见黄雪贞的《梅县方言词典》第20页）

第六，客家方言与外方言有一些鉴别词，颜森在区分客家方言与赣方言时（《江西方言的分区（稿）》），列举的鉴别词有：食吃、鸟交合、俚介我的、係是、生鱼活鱼。谢留文在与赣方言作比较时（《重读〈临川音系〉》)，列举的鉴别词有（原文称为“客方言特色词汇”，音标中的数字指调类）：俚我、□［m^{2}］不、系是、阿□［mei^{1}］母亲、妹家娘家、子嫂妯娌、□［nen^{56}］牯乳房、膣排女阴、鸟交合、俫儿子、孩担、叫哭、镬焮锅巴、□□［la^{2} k^{h}ia^{2}］蜘蛛。

温昌衍的《客家方言特征词研究》提出的100条外区罕见词（即“特征词”，见下文“客家方言的特征词”部分）也属于鉴别词。

温昌衍的《客家方言特征词研究》

第七，客家方言词汇内部一致性较强，例如梅州，根据我们的初步研究，2/3的词语完全相同或基本相同，如太阳、月亮、雷，各点都说“日头”、“月光”、“雷公”。同时，内部差异性也比较突出，约1/3的词语内部有差异。例如，五华话的“□［lau^{44}］”（“44”指调值），“偷情”的意思比较明显；而梅县话里的“□［lau^{44}］”，“偷情”的意思不明显，主要是“同”、“和”的意思。

第八，在与普通话词汇的比较上，有以下表现（以梅县话为例）。

（1）形同义同。这类词与普通话词语的词形相同，意义相同，只是读音不同，这类词约占总数的一半［根据我们的研究，《汉语方言词汇》所收的1 230个词语中，梅县话词语与普通话说法相同（含完全相同和部分相同两种情况，下同）的词语共617个，占总数的50.16%。可供参考的是，广州话与普通话说法相同的词语共704个，占总数的57.24%；潮州话与普通话说法相同的词语共523个，占总数的42.52%］。例如“风”、“云”、“露水”、“雪”、“海”、“江”、“今年”、“明年”、“后年”、“大后年”（详见《广东客闽粤三大方言词汇比较研究》）。

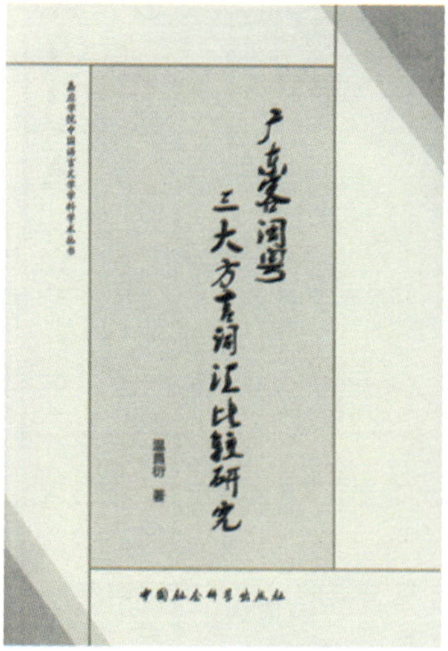

温昌衍的《广东客闽粤三大方言词汇比较研究》

（2）形同义异。这类客家方言词与普通话词形相同，但含义不同，包括以下四种情况。

A. 义大式（含“义宽式”）。客家方言的词义范围比普通话大（或义域更宽）。例如：

学：客家方言的“学”，除了具有与普通话相同的“模仿”、“学问”、“学科”、“学校”等意义外，还有“告诉”或“投诉”等含义，如“有件事学你知”（有件事告诉你、有件事要向你投诉）。

爱：客家方言除了普通话的“疼爱”、“喜爱”等意义外，还有“要”的意义。

唇：客家方言除了普通话的“嘴唇”意义外，还有“边沿或器物的口”的意义。

脚：普通话的“脚”只指“人或动物的腿的下端”，客家方言指“人或动物的整条腿”，义域更广。

B. 义小式（含“义窄式”）。客家方言的词义范围比普通话小（或义域更窄）。例如：

饭：普通话的“饭”包括“干饭”、“稀饭”，客家方言的“饭”仅指“干饭”，稀饭叫“粥”。

谷：普通话“谷”指各种谷类作物，而客家方言“谷”只指稻谷。

米：普通话指稻米，也指去掉壳或皮后的种子，如小米、高粱米、花生米；客家方言只指稻米。

杀：普通话杀人、杀动物均可叫杀；客家方言的“杀”仅指杀人，杀动物说“治”（音“迟”）。

C. 交叉式。客家方言词义和普通话词义比较，两者既有共同义项，又有各自不同的义项。例如：

自然：普通话中“自然”有四个义项［《现代汉语词典（第五版）》第1807页］：①自然界。②自由发展；不经人力干预。③表示理所当然。④连接分句或句子，表示语义转折或追加说明。客家方言中的“自然”有六个义项（《梅县方言词典》第4页）：①自然界。②自由发展；不经人力干预。③表示理所当然。④不勉强；不局促；不呆板。⑤身体舒适。⑥心情好。可以看出，在前三个义项上，客家方言与普通话相同；在后面的义项上，客家方言与普通话不同。

烧：普通话中“烧”有八个义项［《现代汉语词典（第五版）》第1199页］：①使东西着火。②加热或接触某些化学药品、放射性物质等使物体起变化。③烹调方法，先用油炸，再加汤汁来炒或炖，或先煮熟再用油炸：红～鲤鱼。④烹调方法，就是烤：～鸡。⑤发烧。⑥比正常体温高的体温。⑦过多的肥料使植物体枯萎或死亡。⑧因财富多而忘乎所以。以上义项中，客家方言“烧”具备义项①、②、⑤、⑥、⑦，不具备③、④、⑧，且具有另外的含义，表示“热”、“暖和”等。

D. 全异式。客家方言词义和普通话词义完全不一样。例如：

烧水：温度高，但未沸腾的水。
后生：年轻。
坝：河旁平地、沙滩。
风车：使米粒和谷壳分离的器具。
伶俐：清洁、干净。
豆腐：豆腐花。

（3）形异义同。这类客家方言词与普通话词形不同，但含义相同，有以下三个表现。

A. 词形完全不同。例如：

日头：太阳。
火蛇燄：闪电。
天弓：虹。
澜丫：围嘴儿。
屋下：家里。

阿姿：母亲。

阿婆：祖母。

B. 词形部分不同。例如：

猴哥：猴子。

月光：月亮。

雹：冰雹。

星欸：星星。

叶欸：叶儿。

姑母：阿姑。

C. 语素相同，但词序不同。例如：

人客：客人。

鸡公：公鸡。

尘灰：灰尘。

闹热：热闹。

鞋拖：拖鞋。

（4）无对应词。一些客家方言词在普通话中找不到相对应的词，或者必须用短语来表达，常常是指特有地形地貌、仪式、物产饮食等的词语。（参见李如龙的《汉语方言学》第153～154页）例如：

酿豆腐：客家名菜，将豆腐切成较大的块儿，中间塞入肉馅等。

腌粉：拌粉。将米粉用开水烫熟后捞起，放入配料搅拌做成。

粄：米制糕点的总称。

发粄：用大米做成的发糕，放在小碗里蒸熟。有的地方叫"碗糕"。

老鼠粄：用粘米粉做成粄团后在特制的"老鼠粄擦"（一种很多孔的刷子）上来回刮擦而制成，因其形状像老鼠尾巴而得名。

甜粄：用糯米粉和糖做成的粄。

黄粄：蕉岭、平远两地山区村民到山中砍回山布惊（山牡荆）、山苍木（即樟科植物山鸡椒）、杨梅枝等十多种杂木做燃料，烧成灰后用加热过的水过滤，形成灰水。上等糯米放入灰水中浸泡一昼夜，晾干后入饭甑（一种蒸米饭等用的炊具）蒸，熟后放入碓（一种舂米的用具）中舂成糊状，接着将其放在案板上切成一块块，再用手揉成长条而成。

清明粄：清明节前夕做的粄。用艾草、苎叶、鸡矢藤、白头翁、狗贴耳（鱼腥草）、枸杞叶等草药加上大米做成的粄。用艾草做的叫"艾粄"，用白头翁做的叫"白头翁粄"，用苎叶做的叫"苎叶粄"，但一般会同时使用几种草药做粄，统称为"清明粄"。

味酵粄：稻谷收获时节做的粄。做法是：大米磨成浆后与少量的土碱水拌匀，然后用开水冲浆，盛入小碗蒸熟就成。因蒸熟的粄四周膨胀，中间下凹，正好放佐食的调味品，因此叫"味酵粄"。

笋粄：形似北方饺子，但又大一些。粄皮用木薯粉和煮熟捣烂的芋泥混合而成。而馅的主料是竹笋，其他配料随个人的口味。熟后的笋粄呈半透明状。

酿豆腐

腌粉

发粄

笋粄

炒味酵粄

（以上图片由梅州市旅游局提供）

其他例子还有：

蓄：蕨类植物，晒干后作燃料用。

岃：较低矮的山。

嶂：较高的山。

软坳：起伏的山峦。

辞神：扫墓结束时，临行前在墓前再跪拜一次的礼仪。

第九，在文化背景上，客家方言词反映出来的是山居稻作文化。例如：客家方言词汇中与山区生活和稻子种植相关的词语异常丰富，有的词语还颇具特色，如贬称、戏称乡下人为"山巴佬"、"山牯"、"山精"、"山精山怪"；很边远、很偏僻、很闭塞、很多山说成"系山"、"蛮山"（"山"是形容词）；对动物称哥，如"蛇哥"、"猴哥"；"禾"类词语中有"畬禾"、"旱禾"等。

（二）客家方言的基本词

本部分内容将以梅县话为例，列举部分客家方言中与普通话常用说法不同（含完全不同和部分不同两种情况）的基本词语。材料主要引自《汉语方言词汇（第二版）》，原书漏收的词语笔者据有关材料进行了补充。这些词语按七个大类进行排列：第一类，名词（a. 天象、地理；b. 时间、节令；c. 其他自然物、物态；d. 动物；e. 植物、粮菜、果品；f. 饮食；g. 服饰；h. 房屋；i. 家具、日常用品；j. 工具、材料；k. 商业、邮电、交通；l. 文化、娱乐；m. 人体；n. 人品；o. 社会关系；p. 方位）。第二类，动词（a. 自然变化；b. 五官动作；c. 肢体动作；d. 日常生活动作；e. 交际、事务、人事；f. 文化、娱乐；g. 生理、病理；h. 感受、思维、愿望、判断）。第三类，形容词（a. 事物情状；b. 事物性质；c. 生理感觉；d. 体态、容貌、品行、行为、感受）。第四类，代词。第五类，数词、量词。第六类，副词。第七类，介词、连词。

具体词语如下（一般写本字，有音无字的用“□”表示，并标注国际音标，声调标调值，音系参见前文“客家方言的语音”。为便于阅读，一些需要标音的词语也随文标音。“—”前是普通话词语，“—”后是客家方言梅县话词语。同音字用上标的“=”表示）：

第一类　名词

a. 天象、地理

(1) 太阳—日头
(2) 月亮—月光
(3) 银河—河溪；天河
(4) 雨—雨；水
(5) 雾—雾；雺［muŋ^{11}］纱
(6) 冰—凝［k^{h}en^{53}］；冰
(7) 冰雹—雹
(8) 闪电—火蛇欻
(9) 雷—雷；雷公
(10) 虹—天弓
(11) 天气—天气；天色；天时
(12) 晴天—好天；天门开
(13) 阴天—乌阴天

b. 时间、节令

(14) 时候—时候；时辰；时途
(15) 现在—今下
(16) 从前—早先；往摆；旧时
(17) 刚才—头先
(18) 去年—旧年
(19) 日子—日欸
(20) 今天—今日；今晡日
(21) 明天—天光日；辰朝日
(22) 后天—后日
(23) 大后天—大后日
(24) 昨天—秋$^{=}$晡日（昨晡日）
(25) 前天—前日；前日欸
(26) 大前天—大前日
(27) 白天—日晨头；日时头
(28) 夜里—夜晡（头）；暗晡（头）；暗晡夜
(29) 早晨—朝晨（头）
(30) 上午—上昼；上昼头
(31) 中午—当昼；当昼头；昼边
(32) 下午—下昼；下昼头
(33) 傍晚—临暗；临夜
(34) 晚上—暗晡（头）；暗晡夜；夜晡（头）

(35) 大年初一—年初一

(36) 端午—五月节

(37) 中秋—八月半

(38) 重阳—重阳；重九

(39) 除夕—年三十日

c. 其他自然物、物态

(40) 磁石—协$^{=}$（挟）铁

(41) 灰尘—尘灰

(42) 垃圾—擸㩼［lap^{1} sep^{1}］

(43) 锈（铁锈）—𪒯哥

(44) 颜色—色；色水

d. 动物

(45) 畜生—头牲

(46) 牲口—头牲

(47) 豹子—豹欸；豹虎

(48) 狼—豺狼

(49) 猴子—猴哥

(50) 蝙蝠—匹婆（欸）

(51) 公牛—牛牯

(52) 母牛—牛嫲

(53) 小牛—细牛欸

(54) 公马—马牯

(55) 母马—马嫲

(56) 小马—细马欸

(57) 公驴—驴牯；驴

(58) 母驴—驴嫲；驴

(59) 公羊—羊牯

(60) 母羊—羊嫲

(61) 小羊—细羊欸

(62) 公猪—猪牯；猪哥（豭）

(63) 母猪—猪嫲

(64) 公狗—狗牯

(65) 母狗—狗嫲

(66) 猫—猫公

(67) 公猫—猫牯

(68) 母猫—猫嫲

(69) 老鹰—鹞婆

(70) 猫头鹰—猫头翁；猫头鸟

(71) 大雁—雁鹅

(72) 乌鸦—老鸦

(73) 喜鹊—阿鹊［siak^{1}］（欸）

(74) 麻雀—禾必$^{=}$（欸）

(75) 鸽子—月鸽（欸）

(76) 八哥—乌鹩哥

(77) 公鸡—鸡公；生鸡；生鸡公

(78) 阉鸡—熟鸡；鐓鸡

(79) 母鸡—鸡嫲；鸡僆（尚未生蛋的小母鸡）；鸡欸

(80) 小鸡儿—细鸡欸

(81) 黄花鱼—黄鱼

(82) 螃蟹—老蟹

(83) 虾—虾公

(84) 蚌—蚌玹（欸）［$k^{h}oŋ^{44}$ $k^{h}au^{53}$ (ve^{31})］；蚌欸［$k^{h}oŋ^{44}$ $ŋe^{31}$］

(85) 青蛙—蛤蟆；蜗欸；田鸡（食用角度说）

(86) 癞蛤蟆—蟾蜍罗$^{=}$

(87) 蝌蚪—蜗蛤（欸）

(88) 鳖—团鱼；脚鱼

(89) 蜗牛—细螺哥

(90) 蚯蚓—蜷公；红蜷

(91) 蜜蜂—蜂欸；糖蜂欸

(92) 蝴蝶—蝴蝶；扬= 叶欸
(93) 蜻蜓—囊蚁欸
(94) 蝉—蝉欸；□□ [$ia^{44}\ i^{11}$] 欸
(95) 螳螂—螳螂；螳螂欸
(96) 萤火虫—火炎虫
(97) 蟋蟀—蟋蟀；蟋蟀欸
(98) 蚂蚁—蚁公；蚁欸
(99) 苍蝇—乌蝇
(100) 蚊子—蚊欸
(101) 臭虫—干蜫
(102) 虱子—虱嫲
(103) 跳蚤—狗虱
(104) 蜘蛛—蝲蛴
(105) 蜈蚣—蜈蚣虫
(106) 蛇—蛇哥
(107) 壁虎—檐蛇（欸）
(108) 翅膀—翼膈（翮）
(109) 蹄子—蹄；脚（猪蹄）
(110) 爪子—脚爪
(111) 尾巴—尾；尾巴
(112) 蛋—卵

e. 植物、粮菜、果品

(113) 青苔—溜苔
(114) 稻子—禾
(115) 稻谷—谷
(116) 大米—米
(117) 麦子—麦欸；麦
(118) 麸子—麦皮
(119) 谷子—粟欸；狗尾粟；黄粟欸
(120) 小米—粟欸
(121) 高粱—高粱粟；芦粟欸
(122) 玉米—包粟
(123) 蚕豆—胡豆
(124) 芝麻—麻欸
(125) 花生—番豆
(126) 白薯—番薯
(127) 土豆—马铃薯；荷兰薯
(128) 菠菜—角菜；菠菜
(129) 南瓜—冬瓜；金瓜；黄冬瓜
(130) 冬瓜—猪欸冬瓜；毛冬瓜；毛瓜
(131) 黄瓜—黄瓜；青瓜；𦬣 [net^{1}] 瓜
(132) 萝卜—萝卜；长菜
(133) 茄子—吊菜；吊菜欸；茄欸
(134) 西红柿—番茄
(135) 韭菜—韭菜；快菜
(136) 蒜（蒜头）—蒜头；蒜仁
(137) 水果—生果；青果；果着=
(138) 葡萄—图= 提欸；葡萄
(139) 荸荠—马荠
(140) 藕—莲茎；莲藕
(141) 香蕉—香蕉；弓蕉（香蕉的一种）
(142) 荔枝—荔枝；荔果
(143) 桂圆—牛眼；牛眼欸；龙眼
(144) 根儿—茎

f. 饮食

(145) 早饭—朝

(146) 午饭—昼
(147) 晚饭—夜
(148) 米饭—饭
(149) 米汤—饭汤；粥汤
(150) 饺子—饺敘；北方饺敘
(151) 馄饨—饺敘；细饺敘
(152) 糕—粄
(153) 馅儿—心敘；馅敘；饺肉
(154) 素菜—斋菜
(155) 猪舌头—猪脷
(156) 猪血—猪红（作为食品时称）
(157) 鸡蛋—鸡卵
(158) 豆腐—豆腐；豆干
(159) 佐料—配料
(160) 芝麻油—麻油
(161) 酱油—白味；豉油
(162) 醋—酸醋；醋；甜酒
(163) 开水（喝开水）—滚水；沸水
(164) 香烟—烟仔
(165) 冰激凌—雪糕
(166) 冰棍—雪枝［ki^{44}］
(167) 泔水—潲水

g. 服饰

(168) 衣服—衫裤
(169) 上衣—衫；短衫；褂敘
(170) 衬衫—恤衫
(171) 汗衫—底衫；攞蚜衫
(172) 夹袄—夹袄；夹衫
(173) 背心（夹的，棉的）—背褡
(174) 毛衣—羊毛衫
(175) 大衣—（大）褛［lau^{44}］
(176) 短裤（贴身穿的）—节裤（敘）；底裤（敘）
(177) 拖鞋—鞋拖；鞋敘
(178) 木拖鞋—屐［k^hiak^5］
(179) 围巾—颈围；围领
(180) 手套—手套；手套敘；手袜；手袜敘；手攞［lap^{1}］敘
(181) 围裙—围身裙
(182) 围嘴儿—澜丫［lan^{44} a^{44}］
(183) 领子—领敘；衫领
(184) 袖子—袖敘；衫袖
(185) 面子—面敘
(186) 里子—里敘；衫里敘；里
(187) 口袋（衣服口袋）—袋敘；衫袋；衫袋敘

h. 房屋

(188) 家—屋下
(189) 房子—屋敘；屋
(190) 房间—房间；间敘
(191) 柱子—柱敘；柱磉
(192) 梁—屋梁
(193) 墙—墙；壁（房间里四面的墙）
(194) 门槛—户槛；门槛
(195) 晒台—晒棚
(196) 台阶—磝；石磝
(197) 院子—门坪
(198) 角落—角落头；角落

(199) 窟窿—窿欸；窿埪欸
(200) 缝儿—□ [la^{53}]
(201) 厨房—灸下
(202) 厕所—屎窖；屎缸
(203) 鸡窝—鸡际$^{=}$；鸡窦
(204) 猪圈—猪栏
(205) 坟—地；墓
(206) 棺材—棺材；棺木；长生板

i. 家具、日常用品

(207) 家具—家私
(208) 桌子—桌欸；枱
(209) 椅子—椅欸；交椅（带扶手）
(210) 凳子—凳欸；条凳
(211) 柜子（大的衣柜）—橱欸；橱
(212) 抽屉—拖格
(213) 箱子—箱欸
(214) 皮箱—皮箱；呷吣（欸）
(215) 床—床；眠床
(216) 褥子—褥欸；冇被
(217) 毯子—毡欸；毯欸
(218) 锅—镬（头）；煲；煸锣（饭锅）；煲欸
(219) 锅铲—镬铲
(220) 菜刀—菜刀；刀嫲
(221) 砧板—砧板；砧头
(222) 碗—碗；碗欸（小）；碗公（大）
(223) 筷子—筷只；箸只；筷欸
(224) 调羹—调羹；汤匙
(225) 水舀子—勺嫲；水勺
(226) 坛子—瓮欸；瓮；埕欸
(227) 罐子—罐欸；罂欸
(228) 瓶子—罂欸；罐欸；罐
(229) 柴火—樵
(230) 煤—煤；石炭
(231) 木炭—火炭；响炭
(232) 汽油—汽油；电油
(233) 煤油—洋油；火水
(234) 炉子（炊事用）—炉欸；火炉
(235) 烟筒—烟囱
(236) 暖水瓶—电壶；暖水壶
(237) 顶针—顶指
(238) 绳子（总称）—索
(239) 缝纫机—衣车
(240) 锁—锁头
(241) 钥匙—锁匙
(242) 伞—遮；遮欸
(243) 拐杖—杖欸；短刮 [kat^{5}]（欸）（马来语：tongkat）
(244) 电灯—电灯；电火
(245) 手电筒—电筒
(246) 火柴—火柴；自来火
(247) 脸盆—面盆
(248) 肥皂—（番）碱（俗写"枧"）
(249) 毛巾（洗脸用）—面帕
(250) 手绢—手巾（欸）；手帕
(251) 牙刷—牙刷（欸）；牙擦
(252) 抹布—迷$^{=}$桌帕

(253) 扫帚—扫把；□ [$k^{h}ia^{53}$] 把
(254) 笤帚—扫把；秆扫
(255) 簸箕（装垃圾的）—地斗；粪箕
(256) 痰盂—痰筒

j. 工具、材料

(257) 戥子—厘秤
(258) 锤子—锤欸；铁锤
(259) 斧子—斧头
(260) 梯子—梯
(261) 铁锹—铁铲
(262) 镐—镢头
(263) 锄—镢头
(264) 镰刀—镰欸
(265) 扁担—担竿
(266) 木头—树料；木头
(267) 水泥—水泥；红毛灰
(268) 橡胶—树浖欸
(269) 玻璃—玻璃；镜欸

k. 商业、邮电、交通

(270) 商店—店；铺头；店欸
(271) 旅馆—旅店；旅馆；客栈
(272) 路费—路费；盘钱
(273) 自行车—脚车；单车
(274) 轮船—火船；电船（内河小航船）
(275) 汽艇—电船；汽艇
(276) 帆船—帆布船；风飞船
(277) 小船—细船欸
(278) 街—街；街路
(279) 人行道—人行道；□ [$k^{h}a^{11}$] 楼下；行人路
(280) 胡同—巷欸

l. 文化、娱乐

(281) 学校—学堂；学校
(282) 教室—教室；课室
(283) 本子—簿欸
(284) 砚台—墨砚；墨砚盘
(285) 钢笔—钢笔；自来水笔
(286) 糨糊—羹糊；糨糊
(287) 橡皮筋—牛筋
(288) 图章—印欸
(289) 故事—古；故事
(290) 秋千—千秋
(291) 风筝—纸鹞（欸）
(292) 炮仗—纸炮欸
(293) 哨子—箫欸

m. 人体

(294) 头—头颅 [na^{11}]
(295) 头发—头颅毛
(296) 脸—面
(297) 前额—额角
(298) 眼睛—目珠；眼珠
(299) 眼珠—眼珠仁
(300) 眉毛—目眉毛
(301) 睫毛—目汁毛；目渍毛
(302) 鼻子—鼻公
(303) 耳朵—耳公
(304) 嘴—啜 [$tsoi^{53}$]
(305) 舌头—舌嫲

（306）下巴—下啱$^{=}$；嘴（啜）啱$^{=}$
（307）胡子—胡须；须姑$^{=}$
（308）脖子—颈茎；颈
（309）喉咙—喉连$^{=}$；喉咙
（310）肩膀—肩头；肩胛
（311）乳房—□牯［nen^{53}ku^{44}］
（312）肚子—肚屎
（313）背（脊背）—背囊；背脊
（314）屁股—屎窟［fut^{1}］
（315）鸡巴—屦（欸）；朘（欸）
（316）屄—之$^{=}$；之$^{=}$排$^{=}$；之$^{=}$鳖
（317）胳肢窝—胁下；手胁
（318）胳膊—手臂
（319）胳膊肘—手静
（320）手掌—手巴掌
（321）大拇指—手指公
（322）小指—手指尾
（323）指甲—手指甲
（324）腿—脚髀
（325）膝盖—膝头
（326）脚—脚；脚板
（327）脚掌—脚底
（328）眼泪—目汁
（329）鼻涕—鼻；鼻水
（330）唾沫—口澜［lan^{44}］
（331）口水—口澜；口澜水
（332）痂—瘌［lat^{1}］；疤瘌

n. 人品

（333）男人—男个；男欸人；俫欸人
（334）女人—女个；妇人家
（335）老头儿—老阿公
（336）老太婆—老阿婆
（337）小伙子—后生哥；后生欸
（338）姑娘—妹欸人；妹卵欸
（339）小孩子—细人欸
（340）男孩子—细俫欸；细阿哥欸
（341）女孩子—细妹欸
（342）瞎子—瞎眼欸；摸目欸
（343）哑巴—哑吱；哑欸
（344）结巴—结舌欸
（345）麻子—斑面欸
（346）秃子—光顶；光头勺
（347）驼子—驼背欸；驼背
（348）瘸子—跛脚欸；跛欸
（349）疯子—癫欸
（350）新郎—新娘公
（351）单身汉—单鸟哥
（352）老姑娘—老姑婆
（353）孕妇—大肚嫲；大肚婆；大肚屎；大肚妇人家
（354）双胞胎—双巴卵；双生子
（355）教师—老师；先生
（356）医生—医生；先生
（357）乞丐—告化（欸）；讨食个
（358）强盗—土匪；抢劫贼
（359）小偷—贼牯；贼欸

o. 社会关系

（360）祖父—阿公
（361）祖母—阿婆

(362) 父亲—爷欸（引称）；阿爸（对称）

(363) 母亲—娘欸（引称）；阿姿［me^{44}］；阿嫲

(364) 后母—后娘

(365) 伯父—阿伯

(366) 伯母—伯娑

(367) 叔父—阿叔

(368) 婶母—叔娑

(369) 姑夫—姑丈

(370) 姑母—阿姑；满姑；大姑

(371) 外祖父—外阿公；阿公

(372) 外祖母—外阿婆；阿婆

(373) 舅父—阿舅

(374) 舅母—舅娑

(375) 姨夫—姨丈

(376) 姨母—阿姨

(377) 丈人—丈人老

(378) 丈母—丈尔〃婆；丈娑娘

(379) 公公—家官

(380) 婆婆—家娘

(381) 丈夫—老公

(382) 妻子—老婆

(383) 哥哥—阿哥

(384) 嫂子—阿嫂

(385) 弟弟—老弟（欸）

(386) 弟媳妇—老弟心〃舅〃

(387) 姐姐—阿姊

(388) 姐夫—姊丈

(389) 妹妹—老妹（欸）

(390) 妹夫—妹婿

(391) 大伯子—大郎

(392) 小叔子—小郎（欸）

(393) 大姑子—大娘姊；大娘姑

(394) 小姑子—小娘姑；小姑

(395) 大舅子—妻舅（欸）

(396) 小舅子—妻舅（欸）

(397) 大姨子—妻阿姨

(398) 小姨子—妻阿姨

(399) 儿子—倈欸

(400) 媳妇—心舅（新妇）

(401) 女儿—妹欸

(402) 女婿—婿郎

(403) 侄子—侄欸

(404) 父母—爷娘

(405) 姐妹—姊妹

(406) 儿女—子女

(407) 夫妻—公婆；两公婆

(408) 妯娌—子嫂

(409) 邻居—邻舍

(410) 客人—人客

p. 方位

(411) 前面—前背

(412) 后面—后背；背后；后尾；尾下

(413) 左边—左片；左片析

(414) 右边—右片；右片析

(415) 里边—里背；肚欸

(416) 外边—外背

(417) 上面—上背

(418) 下面—下背

(419) 中间—中［$tuŋ^{53}$］心

(420) 旁边—侧片；侧角

（421）对面—对面；对门

（422）城里—城肚敹

第二类　动词

a. 自然变化

（423）天亮—天光

（424）天黑—天暗

（425）刮风—发风

（426）下雨—落雨；落水

（427）下雪—落雪

（428）打闪—暍[ŋiap^{5}]火蛇；火蛇暍

（429）打雷—响雷公；雷公响

（430）出虹—出天弓

（431）下雾—起雺[muŋ^{11}]纱；落雺纱；落雾

（432）下霜—落霜

（433）结冰—落凝[k^{h}en^{53}]

（434）化雪—融雪

（435）化冰—融凝[k^{h}en^{53}]

（436）淋雨—涿雨

（437）地震—地震；天地转侧

（438）褪色—脱色；□[lut^{1}]色

（439）掉（掉下来）—跌

b. 五官动作

（440）看—看；睐

（441）闻—鼻

（442）吃—食

（443）喝—食；啜；啉

（444）咬—咬；啮

（445）啃—啮

（446）嚼—噍

（447）舔—舐；□[t^{h}e^{44}]；□[t^{h}e^{31}]

（448）咽—吞

（449）吸（水，气）—潗；嘬

（450）吹—吹；嗌

（451）吐—□[t^{h}ui^{53}]；哯[lien^{31}]

c. 肢体动作

（452）拿—拿；揸

（453）捏—搦；捻（撚）

（454）掐—卡（用虎口）；搇（用虎口）；□[tsəm^{53}]（用指甲）

（455）揉—搓[ts^{h}ai^{44}]；□[ŋio^{44}]

（456）搓—搓；挼

（457）提—议；擐；掂

（458）举—摕[k^{h}ia^{11}]；举

（459）端—端；掇

（460）捧—揞；捧

（461）抬—扛

（462）挑（挑担）—荷[k^{h}ai^{44}]

（463）扛（扛枪）—背；摕

（464）背（背负）—背；□[pa^{11}]

（465）压—笮

（466）按—揿

（467）推（推车，推门）—㧐[suŋ^{31}]

（468）撑（撑住）—掌[ts^{h}aŋ^{53}]

（469）拉（拉长，拉直）—掕

（470）拔—搒

（471）搂—揽[nam^{31}]

（472）抱—□ [let^{5}]；揽
（473）捅—捅；豛 [tuk^{5}]
（474）碰—啱$^{=}$；磕
（475）撕—扯
（476）折（折断）—拗
（477）拧（拧毛巾，拧脸）—扭
（478）拧（拧螺丝）—扭
（479）扔（投掷）—拂 [fit^{1}]；□ [taŋ^{44}]
（480）走—行
（481）跑（奔跑）—趞[ts^{h}iak^{1}]；走
（482）跳—跳；猋
（483）踩—踏；□ [naŋ^{53}]；踕 [lien^{53}]
（484）跨—□ [k^{h}iam^{53}]；距 [k^{h}ia^{53}]
（485）站—徛
（486）蹲—蹲；孵 [pu^{44}]
（487）靠—靠；凭
（488）躺—眠；抗$^{=}$
（489）挤(挤进去）—欃[tsiam^{44}]
（490）摔跤—跌

d. 日常生活动作

（491）吃饭—食饭
（492）吃早饭—食朝
（493）吃午饭—食昼
（494）吃晚饭—食夜
（495）喝酒—食酒；啉酒
（496）喝茶—食茶；啉茶
（497）吸烟—食烟
（498）穿（穿衣）—着
（499）涮—盪 [t^{h}oŋ^{44}]；㖮 [loŋ^{44}]（漂洗）
（500）洗脸—洗面
（501）刷牙—刷牙；擦牙
（502）漱口—盪嘴；㖮嘴
（503）洗澡—冲凉；洗身
（504）理发（指男）—挥发；挥毛
（505）晒（晒太阳）—炙；晒
（506）晾（晾衣服）—拎
（507）熨—烫
（508）削—削；刺
（509）割(割开）—割；㓡[lak^{5}]
（510）剁—斲 [tok^{5}]；到$^{=}$
（511）砍—斩；砍
（512）劈（劈木柴）—破
（513）宰—劏（治）[ts^{h}ɿ^{11}]
（514）浇—淋
（515）洒—洒；□ [fak^{1}]
（516）抹（涂抹）—糊；涂；搽
（517）擦（擦掉）—猝 [ts^{h}ut^{5}]
（518）点灯—点灯；发火（点燃油灯）
（519）吹灯—噏乌灯火
（520）关—关；闩店（关店门）
（521）塞—塞；□ [tsut^{5}]；𦝼 [siap^{1}]
（522）盖—盖；咨 [kep^{1}]；𥷚 [kem^{11}]
（523）罩—罩；𥷚 [kem^{11}]
（524）套—攏；套

（525）卷—卷；捆

（526）裹—包

（527）捆—绑；捆

（528）系—仢［$t^{h}ak^{1}$］

（529）掰(掰开）—擘；□[mak^{1}]

（530）揭（揭膏药）—脉⁼；扯

（531）剥—擘；□［mak^{1}］

（532）叠（堆叠）—叠；层

（533）挖—挖；空［iat^{1}］

（534）抠—抠；空

（535）填—填；坉［$t^{h}un^{11}$］

（536）掺(掺水）—□[$ts^{h}eu^{31}$]；敲⁼；掺

（537）搅（搅和）—搋

（538）拌—摎［lau^{44}］

（539）挑选—挑；择［$t^{h}ok^{5}$］

（540）藏(收藏）—屏[$pia\eta^{53}$]

（541）扔(丢弃）—丢；拂[fit^{1}]

（542）遗失—跌撇；失撇；唔见；唔见撇

（543）找（寻找）—寻

（544）拾（拾取）—捡；拈

（545）收拾（整理）—捡聚；收拾；打叠

e. 交际、事务、人事

（546）说—讲；话

（547）说话—讲话；讲事

（548）闲谈—闲谈；讲牙蛇⁼；打牙骹

（549）告诉—话……知

（550）理（理睬）—睬；啊；打理

（551）叫（大叫）—呱

（552）喊(大喊）—□[hem^{44}]；喊［ham^{53}］

（553）哭—嗸；嗸吱

（554）骂—骂；嘟

（555）鼓掌—拍掌

（556）接吻—斟嘴

（557）开玩笑—讲笑

（558）生气—激气；阏［at^{1}］；哏；发哏

（559）发脾气—发火；发脾气

（560）吵架—相骂；嘈交（敆）；嘈仗

（561）打架—相打；打交（敆）

（562）求饶—讨饶；求饶

（563）吹牛—车大炮

（564）拍马—捧大脚；托大脚

（565）发誓—咒鬼

（566）躲(躲藏）—屏[$pia\eta^{53}$]

（567）跟(跟随）—□[$t^{h}en^{11}$]；跟

（568）拦（阻拦）—拦；把

（569）截（拦截）—断[ton^{31}]；堵

（570）追—□［$kiuk^{1}$］；赶

（571）逃跑—偷走；走脱敆

（572）干活(劳动）—做事[se^{53}]

（573）种地—耕田

（574）开车—驶车

（575）划船—扒船

（576）用（这支笔能用）—用；使

（577）给—分［pun^{44}］

(578) 欠—欠；争
(579) 换—较；换
(580) 买米—买米；籴米
(581) 买布—剪布；买布
(582) 买油—倒油；买油
(583) 买药（买中药）—捡药；拈药；买药
(584) 挣（挣钱）—做
(585) 赔（赔本）—蚀；蚀本
(586) 节省—啮儆；儆［$k^hiaŋ^{53}$］
(587) 浪费—浪撇
(588) 结婚（指男方）—讨老婆
(589) 结婚（指女方）—嫁；嫁老公；行嫁；出门
(590) 入赘—入屋
(591) 性交—鸟之⁼排⁼
(592) 生（生育）—供
(593) 活（生存）—生
(594) 死—死；过身；老撇；老撇敆
(595) 上坟—祀地；挂纸

f. 文化、娱乐

(596) 上课—上堂
(597) 下课—下堂；落堂
(598) 玩儿—嫽；搞
(599) 讲故事—讲古
(600) 捉迷藏—屏人敆；伏人敆；摸人敆
(601) 游泳—游水；洗身敆
(602) 照相—影相
(603) 打秋千—打千秋
(604) 下棋—捉棋（敆）；行棋

g. 生理、病理

(605) 休息—歇；敨［t^heu^{31}］
(606) 睡觉—睡目
(607) 打哈欠—开欠；开哈擘欠；开滓擘口
(608) 打瞌睡—啄目睡
(609) 打鼾—喷睡；打喷睡
(610) 做梦—发梦
(611) 打冷战—打朒；打□［kit^5］尊⁼
(612) 发抖—尊⁼；打尊⁼
(613) 打喷嚏—打□［hat^1］齐⁼；打□［hat^1］锤⁼
(614) 挠痒—搲［ia^{31}］痒
(615) 擤鼻涕—擤鼻
(616) 拉屎—屙屎
(617) 撒尿—屙尿
(618) 放屁—打屁卵
(619) 生病—发病；唔自然；唔舒服
(620) 着凉—冻倒；受倒风
(621) 中暑—发痧
(622) 发疟疾—发寒烧；打摆敆
(623) 发冷—发冷；发寒
(624) 恶心—想翻［p^hon^{44}］；作呕
(625) 呕吐—呕；翻［p^hon^{44}］
(626) 泻肚—屙肚；屙痢肚

h. 感受、思维、愿望、判断

(627) 喜欢—中意；好；欢喜

(628) 讨厌（他讨厌这个人）—恼
(629) 怕—畏；惊；怕
(630) 知道—知；知得
(631) 懂—识；识得；晓得；晓
(632) 认识—识得
(633) 想（思索）—想；愐
(634) 猜—团；估
(635) 怀疑—疑心
(636) 挂念—挂心；挂虑
(637) 忘记—添忘；唔记得
(638) 要（要书）—爱
(639) 不要（不要书）—唔爱
(640) 要（要看书）—爱
(641) 值得—值得；抵得；抵
(642) 会（会游泳）—会；识得；晓；晓得
(643) 不会（不会游泳）—唔会；唔识得；唔晓；唔识
(644) 是—系
(645) 不是—唔系
(646) 没有（无）—无

第三类　形容词

a. 事物情状

(647) 小—细
(648) 窄—狭
(649) 厚—笨
(650) 方—方；四方
(651) 凹—窝；凹
(652) 歪—歪；敧
(653) 陡—徛
(654) 弯—弯；曲
(655) 亮—光
(656) 黑—乌
(657) 干—干；燥［tsau^{44}］
(658) 潮—润
(659) 稠(粥稠) —□［neu^{11}］；竭$^{=}$
(660) 稀（稀粥）—鲜
(661) 稀（稀疏）—䨜［lau^{53}］
(662) 细（细沙）—幼；细
(663) 整齐—齐
(664) 破—烂
(665) 干净—净；伶俐
(666) 肮脏—沤□［neu^{53}］；□［me^{53}］
(667) 热闹—闹热；炀
(668) 清楚（看得清楚）—清楚；真
(669) 模糊（字迹模糊）—朦
(670) 快（迅速）—快；懒［kiak^{1}］
(671) 慢—慢；□［nem^{53}］
(672) 晚—迟

b. 事物性质

(673) 好—好；嬫
(674) 差（不好）—鄙；差；差斗$^{=}$
(675) 对—着；啱
(676) 错—差
(677) 便宜（价钱便宜）—便宜；平
(678) 要紧—紧要

（679） 奇怪—奇怪；奇怪

c. 生理感觉

（680） 热—烧
（681） 温—温吞
（682） 凉—凉；冷
（683） 暖和—烧暖；暖
（684） 凉快—凉爽；凉快
（685） 涩—涩；劫⁼
（686） 饿—肚饥；饿
（687） 渴—渴；肚渴
（688） 累—蹽[kʰoi^{53}]；□[hot^{5}]
（689） 困（睏）—蹽；困
（690） 舒服—舒服；快活；自在
（691） 忙—忙；无闲；唔闲；唔得闲

d. 体态、容貌、品行、行为、感受

（692） 胖—肥
（693） 年轻—后生
（694） 漂亮—好看；靓；偗[san^{31}]；精⁼［tsiaŋ^{44}］；标致
（695） 丑—难看；难睐；丑
（696） 强壮—健；壮；雄
（697） 聪明—聪明；积⁼灵；精
（698） 笨（不聪明）—戆；蠢
（699） 傻（糊涂不懂事）—傻；戆
（700） 能干—叻［liak^{5}］；会
（701） 内行（他很内行）—光行；熟行
（702） 外行（他很外行）—唔光行；外行
（703） 勤快—扎［tsap^{1}］
（704） 懒惰—懒；懒尸
（705） 小气（吝啬）—啮；孤寒；挤⁼老
（706） 顽皮—蛮（皮）；番灿⁼
（707） 可爱—得人惜
（708） 可怜—罪过
（709） 讨厌（这个人很讨厌）—得人恼
（710） 高兴—欢喜；兴
（711） 合意—中意
（712） 倒霉—衰
（713） 害羞—怕羞；畏羞
（714） 害怕—惊；怕畏；畏

第四类 代词

（715） 我—𠊎（我）［ŋai^{11}］
（716） 你/您—你（尔）［ŋ^{11}］
（717） 他—佢［ki^{11}］
（718） 我们—𠊎等人；𠊎兜人
（719） 咱们—𠊎等人；𠊎兜人
（720） 你们—你等人；你兜人
（721） 他们—佢等人；佢兜人
（722） 大家—齐家；大齐家
（723） 自己—自家
（724） 别人—别人；人家
（725） 我的—我（𠊎）个；□［ŋa^{44}］个
（726） 你的/您的—你个；□［ŋie^{44}］个
（727） 他的—佢个；□［kie^{44}］个

(728) 我们的—我（偃）等人个
(729) 咱们的—我（偃）等人个
(730) 你们的—你等人个
(731) 他们的—佢等人个
(732) 别的—别个
(733) 这个—解［ke^{31}/e^{31}］个；解［ke^{31}/e^{31}］只
(734) 那个—个［ke^{53}/e^{53}］个；个［ke^{53}/e^{53}］只
(735) 这些—解兜
(736) 那些—个兜
(737) 这里—解欸；解□［le^{11}］
(738) 那里—个欸；个□［le^{11}］
(739) 这边—解片；解片析
(740) 那边—个片；个片析
(741) 这会儿—解下；解摆
(742) 那会儿—个下
(743) 这么—咹；咹欸
(744) 那么—咹；个咹欸
(745) 这样—咹样；咹样欸
(746) 那样—个咹样；个咹样欸
(747) 谁—莽［man^{31}］人
(748) 什么—脉$^{=}$个
(749) 哪些—哪兜
(750) 哪里—哪欸
(751) 哪边—哪片；哪片析
(752) 哪会儿—哪下
(753) 怎么—酿$^{=}$般；酿$^{=}$欸
(754) 怎样—酿$^{=}$般
(755) 为什么—做脉$^{=}$个
(756) 做什么—做脉$^{=}$个
(757) 多少—几多

第五类　数词、量词

(758) 一点儿—一滴（欸）
(759) 分（十分之一）—份
(760) 个（一个人）—只
(761) 头（一头牛）—条
(762) 匹（一匹马）—条
(763) 棵（一棵树）—条；墩
(764) 丛（一丛草）—墩；撮□［lot^{1}］
(765) 串（一串葡萄）—串；车$^{=}$
(766) 截（一截甘蔗）—想$^{=}$
(767) 瓶（一瓶酒）—罂；罐
(768) 顿（一顿饭）—餐
(769) 套（一套衣服）—身
(770) 副（一副手套）—双
(771) 条（一条被子）—番
(772) 把（一把刀）—张
(773) 根（一根针）—枚
(774) 间（一间房间）—只
(775) 扇（一扇门）—扇；皮
(776) 辆（一辆车）—辆；架
(777) 只（一只船）—条
(778) 笔（一笔生意）—笔；单；主
(779) 遍（看一遍）—过
(780) 回（劝一回）—摆
(781) 趟（走一趟）—转
(782) 顿（打一顿）—顿；餐

第六类　副词

(783) 刚—正；啱啱
(784) 一向—一向；一直；

一溜=欸；一溜来
(785) 预先—先；事先；预早
(786) 已经—既经
(787) 常常—贴常；长时；时常；时不时；时时
(788) 赶快—抗=快；撞=快；上紧
(789) 马上—即时；黏=时；即刻
(790) 很—好；异
(791) 更—又过
(792) 最—最；第一
(793) 太—忒
(794) 稍微—略为=；略微；略略
(795) 多么—几
(796) 一起（一起走）——下；一齐
(797) 一共—捞等；拢总；总共；一共
(798) 仍然—还系
(799) 特地—特事
(800) 幸亏—好彩；好得
(801) 反正—赢输；横直
(802) 恐怕—惊怕；怕
(803) 一定—定着；一定
(804) 恰巧—啱好；啱啱
(805) 不—唔
(806) 没（未）—盲=曾 $[t^{h}ien^{11}]$；唔曾
(807) 别—莫；唔爱；唔好
(808) 不用—唔使

第七类　介词、连词

(809) 把—将；将把
(810) 被—分 $[pun^{44}]$
(811) 替—同；代
(812) 用（用笔写字）—用；拿
(813) 在—嗨
(814) 从—打；从
(815) 向（向他借东西）—同
(816) 和（他和你一样高）—同
(817) 和（他和你都是学生）—同；捞
(818) 如果—系话

在这些基本词语中，有的词语在客家方言中有两种或两种以上说法，其中一种说法与词目不同。例如：

(1) 重阳—重阳；重九
(2) 教室—教室；课室
(3) 钢笔—钢笔；自来水笔
(4) 求饶—讨饶；求饶
(5) 用（这支笔能用）—用；使
(6) 清楚（看得清楚）—清楚；真
(7) 最—最；第一
(8) 用（用笔写字）—用；拿

有的词语，客家方言有一种或多种说法，但既不是方言土语说法，也不是普通话常用说法，而是普通话中的不常用说法。例如：

(1) 端午—五月节
(2) 黄花鱼—黄鱼
(3) 蚕豆—胡豆
(4) 西红柿—番茄
(5) 芝麻油—麻油
(6) 开水（喝开水）—滚水；沸水
(7) 毛衣—羊毛衫
(8) 烟筒—烟囱
(9) 手电筒—电筒
(10) 斧子—斧头
(11) 头—头颅
(12) 胳膊—手臂
(13) 脚掌—脚底

有的词语，客家方言既有一种同普通话词目的说法（用下划线标明），又有另外一种或几种方言土语说法。例如：

(1) 银河—河溪；银河
(2) 雨—雨；水
(3) 雾—雾；雺［muŋ^{11}］纱
(4) 霜—霜；霜凝［$k^{h}en^{53}$］
(5) 冰—凝［$k^{h}en^{53}$］；冰
(6) 雷—雷；雷公
(7) 天气—天气；天色；天时
(8) 河—河；溪
(9) 铝—铝；轻铁（铝合金）
(10) 鲤鱼—鲤鱼；鲤敆
(11) 鲫鱼—鲫鱼；鲫鱼敆
(12) 乌龟—乌龟；龟敆
(13) 蝴蝶—蝴蝶；扬$^{=}$叶敆
(14) 螳螂—螳螂；螳螂敆
(15) 蟋蟀—蟋蟀；蟋蟀敆

有的词语，客家方言有两种或两种以上说法，其中一种说法同普通话（但不同于词目，用下划线标明），其他说法为方言土语说法。例如：

(1) 今天—今日；今晡日
(2) 前天—前日；前日敆
(3) 银子—银敆；银
(4) 沙子—沙敆；沙
(5) 青蛙—蛤蟆；蛎敆；田鸡（食用角度说）
(6) 鳖—团鱼；脚鱼
(7) 蹄子—蹄；脚（猪蹄）
(8) 麦子—麦；麦敆
(9) 土豆—马铃薯；荷兰薯
(10) 蒜（蒜头）—蒜头；蒜仁
(11) 藕—莲茎；莲藕
(12) 桂圆—牛眼（敆）；龙眼

有的词语，客家方言有三种或三种以上说法，其中两种说法是普通话说法（用下划线标明），另外一种或几种说法是方言土语说法。例如：

（1）时候（什么时候）—时候；时辰；时途
（2）棺材—棺材；棺木；长生板
（3）漂亮—好看；靓；偣；精=；标致
（4）丑—难看；难睐；丑
（5）聪明—聪明；积=灵；精
（6）笔（一笔生意）—笔；单；主
（7）从前—早先；往摆；旧时
（8）一向—一向；一直；一溜=欸；一溜来
（9）结婚（指女方）—嫁；嫁老公；行嫁；出门
（10）喜欢—中意；好；欢喜
（11）常常—贴常；长时；时常；时不时；时时
（12）马上—即时；黏=时；即刻

大部分词语，客家方言说法与普通话完全不同。例如：

（1）太阳—日头
（2）月亮—月光
（3）星星—星欸
（4）冰雹—雹
（5）闪电—火蛇欸
（6）虹—天弓
（7）晴天—好天；天门开
（8）阴天—乌阴天
（9）现在—今下
（10）刚才—头先
（11）去年—旧年
（12）日子—日欸
（13）明天—天光日；辰朝日
（14）后天—后日
（15）大后天—大后日
（16）昨天—秋=晡日（昨晡日）
（17）大前天—大前日
（18）白天—日晨头；日时头
（19）夜里—夜晡（头）；暗晡（头）；暗晡夜
（20）早晨—朝晨（头）
（21）上午—上昼；上昼头
（22）中午—当昼；当昼头；昼边
（23）下午—下昼；下昼头
（24）傍晚—临暗；临夜
（25）晚上—暗晡（头）；暗晡夜；夜晡（头）
（26）大年初一—年初一
（27）中秋—八月半
（28）除夕—年三十日

这些客家方言基本词语，与相邻的粤方言、闽方言相比，有同有异。相同的词语有：雹（冰雹）、旧年（去年）、后日（后天）、大后日（大后天）、大前日（大前天）、斋菜（素菜）、雪糕（冰激凌）、大褛（大衣）、屐（木拖鞋）、家私（家具）、锁匙（钥匙）、面盆（脸盆）、火船（轮船）、电船（汽艇）、面（脸）、老姑婆（老姑娘）、新妇（媳妇）、天光（天亮）、落雪（下雪）、食（吃）、笮（压）、揽（搂）、拗（折断）、行（走）、徛（站）、食饭（吃饭）、洗面（洗脸）、细（小）、光（亮）、利（快，锋利）、肥（胖）、后生（年轻）等。根据笔者研究，大概有1/3的词语三大方言说法相同（或具有共同说法）。

三大方言部分不同的词语如下表所列：

序号	词目	客家方言（梅县）	闽方言（潮州）	粤方言（广州）
1	昨天	秋$^{=}$晡日（昨晡日）	昨日	琴$^{=}$日（昨晚日）；寻$^{=}$日（昨晚日）
2	白天	日晨头；日时头	日旰	日头
3	夜里	夜晡（头）；暗晡（头）；暗晡夜	暝旰；暝昏时团	（夜）晚黑；夜晚
4	早晨	朝晨（头）	眠起早；眠起	朝（头）早
5	傍晚	临暗；临夜	暝昏；暝昏头；暝暗头	挨晚
6	晚上	暗晡（头）；暗晡夜；夜晡（头）	暝旰；暝昏团；暝	夜晚；（夜）晚黑
7	中秋	八月半	八月中秋	中秋节；八月十五
8	除夕	年三十日	（年）三十暝；年廿九暝	年卅晚

根据笔者的研究，大概1/4的词语三大方言说法各异。

此外，有的词语客家方言与粤方言相同而与闽方言相异。（详见下表）

序号	词目	客家方言（梅县）	粤方言（广州）	闽方言（潮州）
1	月亮	月光	月光	月；月娘
2	现在	今下	而家（如今）；家下（今下）；家阵	此在；现在；现时；此阵
3	刚才	头先	头先；啱先；畤先；求=先	头阵；同=早；同=旰
4	上午	上昼；上昼头	上昼	上旰；眠起
5	下午	下昼；下昼头	下昼；下晏（旧）	下旰
6	大年初一	年初一	年初一	正月初一

有的词语客家方言与闽方言相同而与粤方言相异。（详见下表）

序号	词目	客家方言（梅县）	闽方言（潮州）	粤方言（广州）
1	阴天	乌阴天	乌阴；乌阴天	阴天
2	中午	当昼；当昼头；昼边	日昼；当昼	晏昼
3	公猪	猪牯；猪豭（种猪）	猪牯；猪豭（种猪）	猪公；猪郎（种猪）
4	公狗	狗牯	狗牯	狗公
5	公猫	猫牯	猫牯	猫公
6	母鸡	鸡嫲；鸡僆（尚未生蛋的小母鸡）；鸡僆欸	鸡母；鸡僆（尚未生蛋的小母鸡）	鸡乸；鸡项=

就数量看，客家方言与粤方言说法相同的词语比客家方言与闽方言说法相同的词语要多很多。这说明客家方言与粤方言的关系比客家方言与闽方言的关系更紧密。从历史看，客家方言与粤方言确实有比较密切的关系。这种关系一是通过早期的楚语（或南楚方言）建立的，表现为粤方言前身与客家方言母体古赣语的前身“傒语”都属楚语（或南楚方言）。二是通过穿越大庾岭而来的粤北地区的珠玑巷移民——粤方言地区先民建立的。由于珠玑巷移民的先人与客家先人（包括“古赣语区先人”）同，都主要为晋永嘉之乱后至宋末的南迁北人，因此，一方面，他们带来的北方话主要是晋至隋唐间的古代汉语，

构成客家方言与粤方言的共同来源；另一方面，珠玑巷移民先人经过江西路段（即鄱阳湖—赣江—赣州—章江—大余）时，无论是未分化时的古赣语还是分化后的赣方言、客家方言，都会对他们的语言产生影响，甚至古赣语或赣方言、客家方言就是他们所讲的语言或语言的一部分，无论哪一种情形，都使客家方言与粤方言之间有共同的方言成分。

（三）客家方言的古语词

客家方言古语词不少，温美姬的《梅县方言古语词研究》就按义类收集、考证了482个古语词。所分义类为27类，即：天文；地理；时令时间（含时间副词）；农事农具；植物；动物；房舍建筑；器具用品（不含农具）；称谓（不含亲属称谓）；亲属；身体；疾病医疗；服饰、穿戴、裁缝；饮食烹调；红白大事、风水迷信；日常生活（不包括衣食行）；讼事；交际；商业钱财；文体活动；动作、判断；性状；位置；代词；量词；拟声词；副词、介词、助词等（含词缀）。本部分介绍比较能反映客家方言特色的称谓类和亲属类古语词（《梅县方言古语词研究》，第68～80、114页），以展示客家方言古语词的大致面貌（标梅县音，采用调值标调法）。

温美姬的《梅县方言古语词研究》

（1）烎伢［o^{44} ŋa^{11}］：婴幼儿。

《集韵》平声麻韵于加切：“烎，烎伢，赤子。”又牛加切：“伢，吴人谓赤子曰烎。”赤子即婴儿。“烎”和“伢”可分别指婴儿。杨维桢《六宫戏婴图》：“百子图开翠屭底，戏弄烎烎未生齿。”焦竑《俗书刊误·俗用杂字》：“赤子曰伢儿。”还不太会说话的幼儿也可称“烎伢”。杨维桢《海乡竹枝歌》之二：“门前海坍到竹篱，阶前腥臊蟛子肥。烎伢三岁未识父，郎在海东何日归。”

（2）倈（子）［lai^{53}（e^{31}）］：①男孩；②儿子。

近代汉语词，见于元代，原有三个义项：①称男子；②指年轻的仆人；③角色名，扮小孩。《黄粱梦》楔子：“（正末改般高太尉同旦儿两倈上云）”。《赵礼让肥》一［青哥儿］白：“（倈儿云）爹爹，我肚里饥。”《鲁斋郎》三：“（俫儿上云）我是张孔目的孩儿金郎，妹妹玉姐。”今客家方言用来称“男孩”，应是由第三个义项引申而来，即由戏曲中的称谓转为现实中的亲属称谓。客家方言还进一步引申，用“俫”指“儿子”。该字在客家方言中的声调为去声（所以以前常写为“赖”），与普通话的阳平调不合。从历史看，它有去声读音，在《集韵》中为去声代韵洛代切。

（3）舍［sa^{53}］：公子哥儿。

梅县话称呼公子哥儿为“阿舍”。此“舍”源于宋元以来对显贵弟子的俗称“舍人”。陆澹安《戏曲词语汇释》：“舍人，原是官名，宋元时官僚子弟习惯称‘舍人’，等于‘公子’……‘舍人’或简称‘舍’。”古书证如元·无名氏《碧桃花》楔子：“小生不是歹人，是隔壁县丞衙里的舍人张道南。”关汉卿《救风尘》第一折：“自家郑州人氏，周同知的孩儿周舍是也。”此“舍”即简称。又如《二刻拍案惊奇》卷三十九：“懒龙掣住其衣，问道：‘你不是某舍么？’”梅县话以“舍”为语素，与前缀“阿”组成词语“阿舍”，用以指公子哥儿，形式有变化。

（4）老货［lau^{31} fo^{53}］：对老人家的背称，含轻蔑或厌恶意，相当于“老家伙”。

明以降见此词，用于对老人的詈词，表示轻蔑、厌恶。如《初刻拍案惊奇》卷三十：“我自不愿见这两个老货，也没什么罪过。”《红楼梦》第八回：“（黛玉）一面悄推宝玉，使他赌气；一面悄悄的（地）咕哝说‘别理那老货，咱们只管乐咱们的’。”又第八十一回：“王夫人道：‘这老货已经问了罪，决不好叫他来对证。’”

（5）妇人家［fu^{53} ηin^{11} ka^{44}］：已婚妇女的通称。

白朴《裴少俊墙头马上》第三折：“【挂玉钩】（尚书云）噤声！妇人家共人淫奔，私情来往，这罪过逢赦不赦。送与官司问去，打下你下半截来。”高明《琵琶记》第三出：“（贴）妇人家谁许你闲嬉？不习女工，有甚勾当？你却不学不出闺门的。”关汉卿《窦娥冤》第二折：“【梁州第七】妇人家直恁的无仁义。多淫奔，少志气，亏杀前人在那里，更休说百步相随。”李直夫《便宜行事虎头牌》第三折：“（正末云）茶茶，这三重门里，是你妇人家管的？谁惯的你这般粗心大胆哩！”皆为其例。

（6）火头［fo^{31} t^{h}eu^{11}］：厨师。

此词今老年人多用，年轻人少用。原指军中掌炊事的人，后泛指一般的炊事人员。岳飞《奏措置曹成事宜状》："臣所统本军官兵一万二千余人，除存留二千人吉州看管老小，并随军辎重火头占破外，实出战只有七千余人。"《宋史·食货志上六》："差官卒充使令，置火头，具饮膳。"此二例"火头"皆指军中掌炊事的人。《徐霞客游记·滇游日记十一》："火头具饭，延一旧土官同餐。"翟灏《通俗编·艺术》："今谓掌吹爨者曰火头。"此二例"火头"已指一般的炊事人员。

（7）媒人婆［moi^{11} ŋin^{11} p^{h}o^{11}］：媒婆。

王实甫《破窑记》第三折："张千，与我唤将官媒人婆来。（张千云）理会的。媒人婆开门来。"《金瓶梅词话》第二十八回："春梅骂道：'奴才，你媒人婆迷了路儿，没的说了。王妈妈卖了磨，推不的了。'"

（8）地理先生［t^{h}i^{53} li^{31} sin^{44} saŋ^{44}］：以看风水为职业的人。

《初刻拍案惊奇》卷十六："又隔了两月，请个地理先生，择地殡葬了王氏棺讫，那时便渐渐有人来议亲。"

（9）精怪［tsin^{44} kuai^{53}］：戏称鬼点子多的人。

"精怪"本指妖魔鬼怪之类，贯休《赠钟陵陈处士》："高吟千首精怪动，长啸一声天地开。"《醒世恒言·薛录事鱼服证仙》："我怎知这水里是有精怪的？岂可独自一个在里面洗澡！"梅县话除保留此义外，还引申出"戏称鬼点子多的人"这一义项。

（10）阿公［a^{44} kuŋ^{44}］：祖父。

祖父称作"阿公"见于唐代。李延寿《南史·颜延之传》："尝与何偃同从上南郊，偃于路中遥呼延之曰'颜公'，延之以其轻脱，怪之，答曰：'身非三公之公，又非田舍之公，又非君家阿公，何以呼为公？'"后代书证如李文蔚《同乐院燕青博鱼》第一折："（燕二云）你不是歹人，是贼的阿公哩！"南戏《杀狗记》第二十出："（外）是谁？（丑）阿公，我是安童。"

（11）阿婆［a^{44} p^{h}o^{11}］：祖母。

此词本指母亲，如《乐府诗集·横吹曲辞五·折杨柳枝歌二》："阿婆不嫁女，那得孙儿抱。"唐以降指祖母，李延寿《南史·齐纪下·郁林王》："帝谓豫章王妃庾氏（帝之叔祖母）曰：'阿婆，佛法

言有福生帝王家。'”揭傒斯《梦两雏》：“雨声断道风惊屋，阿婆独抱诸孙哭。”

（12）爷（耶）［ia^{11}］：背称父亲。

“爷”指称父亲南北朝时已见。《玉篇·父部》以遮切：“爷，俗为父爷字。”北朝民歌《木兰诗》：“军书十二卷，卷卷有爷名。”字或作“耶”，《古文苑》卷九引《木兰诗》作“耶”，章樵注：“耶，今作爷。俗呼父为爷。”《篇海类编·人物类·父部》：“爷，俗呼父为爷。通作耶。”

（13）婆［me^{44}］：指长辈女性。

如伯婆（伯母）、叔婆（婶婶）、舅婆（舅妈）、细婆（继母）。“婆”为古方言词，本指母亲。《玉篇·女部》：“婆，齐人呼母。”《广韵》平声支韵武移切，义同《玉篇》，明母字。

（14）阿婆（阿弥）［a^{44} me^{44}］：面称母亲。

唐代已见将母亲称为“阿婆”的用法。李商隐《李贺小传》：“长吉了不能读，欻下榻叩头，言‘阿婆老且病，贺不愿去。'”后代袭用，如梅尧臣《晚归闻李殿丞访别言已屡来不遇》：“身许远就禄，幸又奉阿婆。”杨维桢《萱寿堂词为海漕麻经历孙仲远作》：“阿婆之年八十深，五鸾恩诰封泥金。”梁章钜《称谓录·母》：“方以智《通雅》：齐人呼母为婆，李贺称母为阿婆，江南曰阿妈或作姥，皆母之转也。”（今按：“婆”本有其词，并非“母”之音转）词又或作“阿弥”。刘子寰《霜天晓角·子庆母八十》：“满前儿女，今日都欢聚。今年也阿弥八十，儿也五十五。”

（15）娭［oi^{44}］：背称母亲。

“娭”之此义当源于其指“婢”。《广雅·释诂四》：“娭，婢也。”《集韵》平声咍韵于开切：“娭，婢也。”生育儿女后，“娭”当上了母亲，原先指“奴婢”的称呼可能转化为指“母亲”的称呼。可为旁证的是汉语中“妮”之演变也有类似现象，“妮”本指“奴婢”，吴自牧《梦粱录·顾觅人力》：“欲买宠妾、歌童、舞女、厨娘、针线供过、粗细婢妮，亦有官私牙嫂，及引置等人。”戴侗《六书故》卷九：“今又谓婢曰妮。”在方言中，“妮”也演变称“母亲”，杨炳南《海录·南海·新当国》：“子称父曰伯伯，称母曰妮。”“娭”俗写作“娘”。

（16）外家［ŋoi^{53} ka^{44}］：妻子的娘家，即岳父母家。

此词东汉时已见。刘珍《东观汉记·吴汉传》：“（吴汉）尝出征，妻子在后买田业。汉还，让之曰：‘军师在外，吏士不足，何多买田宅乎！’遂以分与昆弟外家。”此“外家”谓妻子的娘家。

（17）阿伯［a^{44} pak^{1}］：①伯父；②妇女有小孩后对丈夫之兄的称呼。

父之兄古代称“伯父”或“伯”，《释名·释亲属》：“父之兄又曰伯父。”颜之推《颜氏家训·风操》：“古人皆呼伯父、叔父，而今世多单呼伯、叔。”用“阿伯”来称呼则在清代才见。韩邦庆《海上花列传》第五十二回：“我爷娘刚刚死仔三个月，阿伯就出我个花样，一百块洋钱卖拨人家做丫头。”

夫之兄称为“阿伯”，据翟灏《通俗编·称谓》：“《五代史补》：‘李涛弟澣娶妇窦氏，出参涛。涛答拜。澣曰：新妇参阿伯，岂有答礼？’［按］妇人呼夫之兄为伯，唐有之矣。”可见夫之兄称作“阿伯”为唐时语，梅县话承此义。

（18）阿叔［a^{44} suk^{1}］：①叔父；②妇女有小孩后对丈夫之弟的称呼。

用“阿叔”指称叔父见于唐代，李百药《北齐书·河间王孝琬传》：“［陈氏］诬对曰：‘孝琬画作陛下形哭之。’然实是文襄像，孝琬时时对之泣。帝怒，使武卫赫连辅玄倒鞭挝之。孝琬呼阿叔，帝怒曰：‘谁是尔叔？敢唤我作叔！’”指称夫之弟则见于明代，《水浒传》第十七回：“阿嫂便道：‘阿叔，胡乱救你哥哥，也是弟兄情分。’”又第二十四回：“你既是聪明伶俐，却不道‘长嫂为母’！我当初嫁武大时，曾不听得说有什么阿叔，那里走得来！”梅县话承此两义。

（19）阿舅［a^{44} k^{h}iu^{44}］：舅父。

殷芸《殷芸小说》卷一已见此词。据《乐府诗集》卷八十九“周初有谣”引《隋书·五行志上》曰：“周初有童谣曰：‘白杨树头金鸡鸣，只有阿舅无外甥。’按：静帝，隋氏之甥，既逊位而崩，诸舅强盛。”《乐府诗集》收录的是汉魏至唐五代的一些乐府诗歌，可见此“周”当为北周，故北周亦见“阿舅”一词。后代用例如《水浒传》第十四回：“少刻，我送雷都头那人出来时，你便叫我做阿舅，我便认你做外甥。”此词语音上，“舅”为上声群母，在梅县话属浊上归阴平例。

(20) 阿姨［a^{44} i^{11}］：姨母。

王献之《东阳帖》："不知阿姨所患得差否？极令悬恻。"《杂阿含经》卷四十五："阿姨欲去何处？"后代沿用，元好问《姨母陇西君讳日作》之一："竹马青衫小小郎，阿姨怀袖阿娘香。"杨椿《西湖竹枝词》："早听当初阿姨语，免教今日悔狂夫。"

(21) 阿嫂［a^{44} sau^{31}］：嫂子。

关汉卿《关大王独赴单刀会》第三折："【快活三】小可如我携亲侄访冀王，引阿嫂觅刘皇，灞陵桥上气昂昂，侧坐在雕鞍上。"南戏《杀狗记》第十四出："（净）前日你每阿嫂有病，教我去求笺。"又："（净）说得是，昨夜我与你每阿嫂说那羊脂玉环，他说道：'眼见稀奇物，寿增一纪。'"以上"阿嫂"皆谓嫂子。

(22) 阿姊［a^{44} tsi^{31}］：姐姐。

《木兰诗》："阿姊闻妹来，当户理红妆。"后代沿用，如白居易《和李势女》："抚背称阿姊，归我如归乡。"李商隐《骄儿诗》："阶前逢阿姊，六甲颇输失。"

(23) 阿哥［a^{44} ko^{44}］：哥哥。

宋·无名氏《大宋宣和遗事》后集："如今阿哥被灵州同知使往燕京下文字，不久亦须此来。"《二刻拍案惊奇》卷三十七："走到间壁，叫声'阿哥'！"《官场现形记》第八回："难末，倪又勿懂哉。倪格娘有个过房儿子，算倪的阿哥，从前也勒一爿洋行里做买办格。"

(24) 姊丈［tsi^{31} $ts^{h}oŋ^{44}$］：姐夫。

孔齐《至正直记》卷二："镇江顾利宾姊丈与余言：'凡治此具，……必以少盐擦其遍体，如澡浴状，加以香油少许，复以汤洗净，然后烹而食之可也。'"明代沿用，如《归有光集》卷五："予姊丈汝康在海东解官还，乃有人自越遗《王氏旧谱》一卷。"同卷："吾姊丈有志前世之谱，为当别加询访可也。"丈，《广韵》直两切，上声养韵澄母。梅县音浊上归阴平。

(25) 妹婿［moi^{53} se^{53}］：妹夫。

常璩《华阳国志》卷五："述使妹婿延牙距宫，大司徒谢丰距汉，连战辄北。"卷八："时庠与兄特，弟流、骧，妹婿李含，天水任回、上官晶，扶风李攀、始平费他，氐符成、隗伯、董胜等四千骑在北门。”卷九：“又诈造妹婿任调书，言期、越当废寿，以惑群下，群下信之。”魏收《魏书·列传第四》：“灵太后以妹婿之故，未忍便决。”又《魏书·列传第五十九》：“即彦先之妹婿也。”均其例。

（26）小郎［$siau^{31}$ $loŋ^{11}$］：丈夫之弟。

刘义庆《世说新语·规箴》：“王平子年十四五，见王夷甫妻郭氏贪欲，令婢路上儋粪。平子谏之，并言不可。郭大怒，谓平子曰：‘昔夫人临终，以小郎嘱新妇，不以新妇嘱小郎。’”沈约《宋书·谢景仁传》：“［景仁弟述乘小船，寻兄纯丧舫。纯妻］庾遣人谓述曰：‘丧舫存没，已应有在。风波如此，岂可小船所冒，小郎去必无及，宁可存亡俱尽邪？’”后代沿用，如《资治通鉴·唐宣宗大中二年》：“岂有小郎病，不往省视，乃观戏乎！”胡三省注：“自晋以来，嫂谓叔曰小郎。”于慎行《谷山笔麈》卷十三：“自晋以来，嫂谓叔为小郎，至唐犹然。”其实，至明清亦然，蒲松龄《聊斋志异·阎王》：“嫂怒曰：‘小郎若个好男儿……到不得代哥子降伏老媪。’”

（27）新妇［sim^{44} $k^{h}iu^{44}$］：儿媳。

黄生《义府·新妇》云：“汉以还，呼子妇为新妇。”可见由来已古。古书证如《后汉书·列女传·周郁妻》：“郁骄淫轻躁，多行无礼。郁父伟谓阿（郁妻赵阿）曰：‘新妇贤者女，当以道匡夫。’”晋·无名氏《休洗红二首》：“人寿百年能几何，后来新妇今为婆。”《敦煌变文·秋胡变文》：“新妇欲拜谢阿婆，便乃入房中，取镜台妆束容仪，与夫相见。”

（28）契［$k^{h}e^{53}$］：拜认的干亲。

梅县话称结拜兄弟为“契兄弟”，称干儿子为“契子”，称义父为“契爷”。明清时期见称结拜的弟弟为“契弟”，称义父（母）或养父（母）为“契父（母）”。冯梦龙《喻世明言》第十六卷：“维某年某月，契弟张劭，谨以炙鸡絮酒，致祭于仁兄巨卿范君亡灵前曰：……”崔时佩、李景云《西厢记·金兰判决》：“下官姓杜名确，字君实，幼年与契弟张君瑞同窗。”《红楼梦》第九回：“（薛蟠）因此也假来上学读书，不过是三日打鱼，两日晒网，白送些束修礼物与贾代儒，却不曾有一些进益，只图结交些契弟。”黄小配《大马扁》第十一回：“那怀塔布是前任文华殿大学士瑞麟的儿子，那瑞麟是当今太后的契父，看来那怀塔布与太后有个契兄妹的情分，恐怕勒他不得。”黄小配《廿载繁华梦》第十九回：“陈健就认田姐作契母，田姐也认陈健作干儿。”均其例。

从历史层次看，在482个古语词中，属于先秦两汉时期的古语词有184个，占38.2%。属于魏晋南北朝时期的古语词有89个，占18.5%。属于隋唐五代时期的古语词有58个，占12.0%。属于宋代的古语词有81个，占16.8%。属于元代的古语词有15个，占3.1%。属于明代的古语词有48个，占10.0%。属于清代的古语词有7个，占1.5%。这种分布状况跟客家方言的形成历史有关。因为一般认为客家方言形成于宋代，宋代语言是客家方言形成的一个重要基础，所以魏晋南北朝以后属于宋代时期的古语词数量最多（详见《梅县方言古语词研究》相关内容介绍）。

（四）客家方言的特征词

客家方言特征词是区内方言多见、区外方言少见的客家方言词。其中，外区罕见的特征词有100条，现将其中的99条列举如下［“俫(子)”已在前文“客家方言的古语词”部分作了介绍，此处不再列。意义相关词排在一起，下同，注梅县音，有例外时随文说明］。

（1）半昼（边）［pan^{53} tsu^{53}］：半个上午的时候，有时指（上午）很晚了。

（2）地［t^{h}i^{53}］：坟墓。

（3）湖（水湖）［fu^{11}］：小水坑，积水洼地。相关的词有：湖洋田常年被水浸泡着的农田、窝座湖涝洼地、牛稳湖小水坑。指乡间坑洼地，夏季牛喜在其中浸浴、湖蜞蚂蟥。不少地方的“温泉”也用“湖”来称说，如烧湖（石城）、暖水湖（南雄）、热水湖（新丰、龙川）、汤湖（曲江、兴宁）。少数地方还用它称说“粪坑”，如肥湖（石城）、屎湖（石城、龙川、东源）、屎缸湖（新丰）。个别地方（如新丰、石城）还用来指地上的坑坑洼洼，应是由指“小水坑”发展而来（“小水坑”干了之后，地就变得坑坑洼洼了）。

（4）湖蜞［fu^{11} k^{h}i^{11}］：蚂蟥。蜞，“水蛭也”，《集韵》之韵渠之切。客家方言之所以说成“湖蜞”，是因为蚂蟥多见于“湖”（即小水坑、积水洼地，见上条），前加“湖”，指明它的活动空间。

（5）嫲（方言字）［ma^{11}］：指雌性动物。从目前资料看，赣南本地话（老客话）较少见，其余各地客家方言几乎都说。它与“牯”（多指兽类雄性）、“公”（多指禽类雄性）相对。指雌性动物时，多指已生育的动物，此时使用中往往有相对立的指“小的”或“普通的”表达，如龙川与“刀嫲”相对立的词是“刀仔小刀”，与“索嫲”相对立的词是“索欸普通的绳子”。有时用作“内藏不外露”、“凹下”的物名的后缀，如舌嫲（人）舌头、勺嫲瓢、笠嫲斗笠。“嫲”还可以用于小动物，也不指性别，而表“厌恶”义，如“虱嫲虱子”。另外，在一些地方，“嫲”还可以用在指女性的词中，表示一种贬义，如梅县话的番嫲外国女人、老举嫲妓女、膣嫲姘妇，或用于女孩名字后表示一种“亲热”（反训），如阿英嫲、阿蚕嫲。

（6）虱嫲［set^{1} ma^{11}］：虱子。

（7）猫公［miau^{53} kuŋ^{44}］：猫（统称）。赣南较少见。

（8）黄蛰［voŋ^{11} ts^{h}at^{5}］：蟑螂。

该词因为抓住了蟑螂的颜色命名，因而与其他方言相比显得独特。

（9）屎乌蝇［sɿ^{31} vu^{44} in^{11}］：绿头苍蝇。其中的“乌蝇”指“苍蝇”。

（10）大水蚁（公）［t^{h}ai^{53} sui^{31} ni^{44}（kuŋ^{44}）］：下雨前飞的蛾子。这种飞蛾在夜晚大雨前成群飞进人们家里，在灯光下打转或像蚂蚁一样四处爬行，客家人把它当作蚂蚁的一种。客家地区是山区，这种虫子多见。由于它在大雨前飞来，客家人看到它就知道要下大雨，下大雨就会发大水，因此将它叫做“大水蚁”或“大水蚁公”（“蚁公”指“蚂蚁”）。

（11）旧饭［k^{h}iu^{53} fan^{53}］：剩饭。

（12）打走［ta^{31} tseu^{31}］：（被水）冲走。

（13）溞［sau^{11}］：用能滤水的器具快速捞起水中物。东汉服虔《通俗文》：“沉取曰捞，浮取曰溞。”

（14）艕手［t^{h}en^{53} su^{31}］：帮忙。“艕”为古方言词，本义为“担”，《方言》第七：“艕，儋也。”郭璞注：“今江东呼担两头有物为艕，音邓。”“艕”也写作“揼”。

（15）打帮［ta^{31} poŋ^{44}］：靠他人帮忙，依赖他人得好处。粤北少见。

（16）改［koi^{31}］：（用锄头）挖。

(17) 㪍 [ŋiap[1]]：折叠式卷起袖口（与胡乱地“捋”袖口相对）。

(18) 寸 [tsʰun[53]]：（手指）搓（体垢）。“寸”是同音字。《集韵》徐闰切有“揗，摩也”，“揗”或为本字。

(19) 𧋍 [net[1]]：（用指甲）掐。《广韵》德韵奴勒切：“𧋍，似虻而小，青斑色，啮人。”音合，义或为“啮”之引申。

(20) 横 [vaŋ[53]]：胡乱地猛摔（较重物体）。《列子·黄帝》：“横心之所念，横口之所言。”张湛注：“横，纵放也。”客家方言中的意义正是“放纵”义的引申。

(21) 中 [tuŋ[44]]：（头）顶、遮盖。以往常写同音字“东”。中，《广韵》东韵陟弓切：“（平也、成也、宜也）堪也、任也（和也、半也）。”“堪也、任也”有“承受”义，客家方言中的意义或从它引申而来。语音则保留“古无舌上音”的读法，为t声母。

(22) 擸₁ [lap[1]]：叠起（散乱的碗）。《广韵》入声叶韵良涉切：“说文曰理持也。”义相通。

(23) 擸₂ [lap[1]]：一叠（碗）。这一义项从上条擸₁的“叠起（散乱的碗）”义引申而来。

(24) 擸₃ [lap[1]]：拿起一叠（碗）。这一义项从上条擸₂的“一叠（碗）”义引申而来。

(25) （捡）聚 [tsʰiu[44]]：（捡）拢。“聚”读阴平，符合客家方言“浊上归阴平”的条例。

(26) 较 [kau[53]]：用东西去换（糖果等）。此词常写作“告”。本字应是“较”，物物相易时当较其价值是否相当。这是方言创新的义项。

(27) 孵 [pu[44]]：蹲。“孵”原指“孵化”、“鸡伏卵”。今指人蹲，用比喻义造词。声母保留“古无轻唇音”特点。

(28) 仰 [ŋioŋ[31]]：身体转动或抖动。《说文》：“仰，举也。”今由头动引申为“身体动”。

(29) 嗫 [ŋiap[1]]：嘴唇翕动。《广韵》而涉切：“嗫，嗫嚅，多言。”今引申指“嘴唇翕动”（多言时的伴随动作）。

(30) □ [au[44]]：冤枉、诬陷。本字未明。

(31) 唱喏 [tsʰoŋ[53] ia[44]]：（双手合十）拜神、佛、祖宗等，伴有

祈祷言语。该词是近代汉语词。唐代义为“行礼答应，口中称‘喏’”。元代义为“男子见人时行的礼节”。客家方言的“唱喏”也是只行礼无答话，近于后者，但行礼的对象是神、佛、祖宗——都不是活人，词义已有变异。

（32）保护［pau^{31} fu^{53}］：保佑。“保护”的施动者本来是人，今客家方言却为神灵，“保护”因此有了“保佑”义。

（33）唔得［m^{11} tet^{1}］：巴不得。专用于“唔得到过年巴不得到过年”、“唔得渠死巴不得他死”这样的例子中。该词可能是“巴唔得巴不得”的省略形式。

（34）宕（车）［t^{h}oŋ^{53}］：错过（车）。

（35）赶（烧、滚）［kon^{31}］：趁（热）。该词是近代汉语词，宋时就有“赶试官生活”（谓商贩趁着举行科举考试做买卖）的说法。元时该词“趁”的意思更明显。董君瑞［哨遍］（硬谒）：“饼热时赶热翻。”客家方言的“赶”与元代“赶”有直接的继承关系，用“赶”的方言点几乎都可说“赶烧（滚）食趁热吃”。

（36）倚恃［i^{31} sɿ^{53}］：倚赖，常带贬义。“倚”、“恃”在古代汉语中都有“依靠”、“倚赖”义，今客家方言用它们复合表义。

（37）芋［ia^{31}］：（芋头）刺激皮肤、喉咙使其发痒。“芋”本为名词，因它对皮肤有刺激性，在今客家方言里产生了“刺激皮肤、喉咙使其发痒”这一动词义。在读音上，有的点为阴平，有的点为阳平，有的点为上声。阴平、阳平读音与《广韵》平声虞韵羽俱切有关（客家方言有次浊平归阴平的声调特点），上声读音与《集韵》上声噳韵王矩切有关。上古属鱼部。韵母读 ia 是客家方言古鱼部字今读存古的体现。

（38）绽［ts^{h}an^{53}］：（新枝）长出，（笋）冒出。庾信《杏花》：“春色方盈野，枝枝绽翠英。”

（39）岩［ŋam^{11}］：悬崖、额骨突出。“岩”本为名词，这里是动词义，属于引申义。

（40）裁［ts^{h}oi^{11}］：砍断。本指“裁剪”，《说文·衣部》：“裁，制衣也。”今指“砍断”，义有引申。

（41）摝［luk^{1}］：（用长棍子）搅动。本指“振动”、“摇动”。《集韵》入声屋韵卢谷切：“振也。”今指“（用长棍子）搅动”，义有引申。

（42）擎［k^{h}iaŋ^{11}］：打伞。本指“举，上托”。《广雅·释诂一》：“擎，举也。”今客家方言指“举伞”，兼指“撑开伞”。

（43）荷［k^{h}ai^{44}］：挑。客家方言中常写为方言字“孩”。本字为“荷”，古有“挑”、“担”义。《公羊传·宣公六年》：“有人荷畚自闺而出者。”何休注：“荷，负也。”今客家方言读音为［k^{h}ai^{44}］（阴平），声、韵、调保留了较原始的形式。

（44）挷［paŋ^{44}］：拔，扯。《集韵》平声庚韵晡横切：“挷，相牵也，或作拼。”

（45）噙［k^{h}em^{11}］：（用罩子）罩住（鸡、鸭）。

（46）棚楼［p^{h}aŋ^{11} leu^{11}］：铺楼板。此处“棚”是动词，为“铺”义。

（47）旱（水）［hon^{44} sui^{31}］：排干（水）。“旱”为动词，应是其形容词使动用法（“使……旱”）固定后的结果。声调属全浊上归阴平。

（48）滟［iam^{53}］：水面荡漾、波动。《广韵》去声艳韵以赡切：“滟，潋滟，水波动貌。”

（49）发虫［pot^{1} ts^{h}uŋ^{11}］：长出虫子。赣南较少见。“发”是古代汉语词，有“生、长”义。《诗·大雅·生民》：“实发实秀，实坚实好。”普通话仍有“发芽”之说。不过，客家方言还能指长出动物，意义产生了变异。

（50）斫猪肉［tsok^{1} tsu^{44} ŋiuk^{1}］：买猪肉。《广韵》入声觉韵竹角切：“削也。”

（51）儆［k^{h}iaŋ^{53}］：保养，珍惜。《广韵》去声映韵渠敬切：“儆慎。”

（52）儆啜［k^{h}iaŋ^{53} tsoi^{53}］：禁口，忌口。“儆”为古代汉语词，见上条。“啜”指“嘴”，详见下文“啜$_{1}$”条。

（53）转屋下［tson^{31} vuk^{1} k^{h}ua^{44}］：回家。此处“转”指“返回”，“屋下”指“家（里）”（见下条）。

（54）屋下［vuk^{1} k^{h}ua^{44}］：家（里）。

（55）屋崠［vuk^{1} tuŋ^{53}］：屋脊。“崠”为古代汉语词，本指“山脊”及以之命名的“山名”，今客家方言还保留了此义（详见下文

“崠”条），又引申指屋脊。

（56）楼棚［leu^{11} p^{h}aŋ^{11}］：楼板。从下往上看，楼板像“棚”（“篷架”，详见上文“棚楼”条），故可说“楼棚”。

（57）鸡际［ke^{44} tsi^{53}］：鸡舍。此词常写作“鸡厩”，但“厩”不是本字（“厩”与“tsi^{53}”不合）。本字是“际”。“际”指靠边缘的地方。《楚辞·天问》：“九天之际，安放安属？”洪兴祖补注：“际，边也。”客家方言的“鸡际”就是指“鸡的居所、鸡的处所”，往往建在墙角等靠边缘的地方。

（58）种草［tsuŋ^{31} ts^{h}au^{31}］：种族遗传。近代汉语词，原指“族类”。黄宗羲《子刘子行状》：“同邑商周祚谓先生曰：‘慎毋及时事，且晚吏部矣。’相声不听。于是浙人佥曰：‘非吾家种草，可使之相厄之地乎。’”今客家方言指“种族遗传”，义有变异。

（59）（米）豺虫［sai^{11} ts^{h}uŋ^{11}］：蛔虫。豺是凶残的野兽，人们常用它来指凶残、凶猛、贪婪或具有这些本性的人。客家方言则用它指使人缺少油水、饥饿难忍的“蛔虫、馋虫”（即“豺虫”，意为像豺那样凶残可怕的吞噬饥肠的虫）及肚中缺油水带来的急切、疾厉的感觉（如同被“豺虫”吞噬饥肠的感觉，见下条）。

（60）（肚）豺［sai^{11}］：因缺油水而觉得极饿。该词的意思来源于其名词义，因为“豺虫”产生的影响是使人极易饥饿，反过来，人觉得极饿时自然会认为是“豺虫”在作怪，因而就以“豺”来指这种感觉。

（61）瘭［p^{h}iau^{53}］：（摩擦、烫伤引起的）水疱。本指皮肤的一种急性化脓性感染。《集韵》笑韵匹妙切：“瘭，瘭疽，病疡，脓溃也。”客家方言中的意义是其引申义。

（62）皶［man^{53}］：体垢。古代汉语词。《广雅·释诂三》：“离也。”《玉篇·皮部》：“皶，皮脱也。亦作娩。”《广韵》去声愿韵无贩切：“皶，皮脱。”今客家方言引申指“体垢”。

（63）颏［koi^{44}］：脖子前面部分。《玉篇·页部》：“颏，颐下”，“颐下”就是脖子前面部分。

（64）啜$_1$［tsoi^{53}］：嘴。古代汉语词，本指“尝”。《广韵》祭韵陟卫切：“啜，尝也。”客家方言中“啜”的名词义是由“啜”的动词义引申而来的。

（65）匏勺［p^{h}u^{11} sok^{5}］：瓠子外壳做的瓢。其中“匏”音“蒲”，指“瓠子、葫芦”。

（66）秆扫［kon^{31} sau^{31}］：扫把。赣南较少见。此词说明客家地区早期曾用稻草做扫把（今多用芦苇、竹枝）。

（67）笠嫲［lep^{1} ma^{11}］：斗笠。赣南少见。

（68）娓［me^{44}］：母亲，多用作面称（阿娓）。常与下条“娭母亲，多用作引称”配对使用。《玉篇·女部》：“娓，齐人呼母。”

（69）娭［oi^{44}］：母亲，多用作引称。常与上条配对使用。本字“娭”见于《集韵》平声咍韵于开切：“婢也。”由此可见，客家先民南下后，不少男子娶奴婢或土著妇女为妻，甚至亦妻亦婢。

（70）两姨丈［lioŋ^{31} i^{11} ts^{h}oŋ^{44}］：两连襟。

（71）子嫂［tsɿ^{31} sau^{31}］：妯娌。

（72）地理先生［t^{h}i^{53} li^{31} sin^{44} saŋ^{44}］：以看风水为职业的人。

（73）夭［iau^{44}］：湿泥、面粉团等因含水多而稀烂难定形。

（74）䆂［lau^{53}］：稀疏。

（75）抻叉［ts^{h}un^{44} ts^{h}a^{44}］：（衣服）伸展不皱。

（76）据［kia^{44}］：（手指）冻僵，不灵活。《广韵》平声鱼韵九鱼切：“《说文》：据，戟挶，从手，居声。”“戟挶”有“握紧”义，引申出“不能伸展的”、“不灵活”、“冻僵”的义项。韵母 ia 为古鱼部字今读存古的例子。

（77）鲜［sien^{44}］：（汤、粥）稀。此处“（汤、粥）稀”义应来源于“洁净”义（汤中洁净无物就成了“稀”），班固《西都赋》：“轶埃堨之混浊，鲜颢气之清英。”李善注：“鲜，洁也。”

（78）抛［p^{h}au^{44}］（龙川音）：（车很）颠簸。

（79）鄙［pe^{31}］：（做事）差，不好。《玉篇·邑部》：“鄙，鄙陋。”

（80）漮［liam^{31}］：（池塘）水干了。《说文》：“漮，薄水也。一曰中绝小水。”

（81）瘑［kuo^{44}］：器具磨损、钝秃。《集韵》平声戈韵古禾切：“秃也。”在客家方言中它还有“绝”义，如“瘑毛绝代断子绝孙”（詈语）、“A 瘑 A 绝形容程度深”（见下文“A 瘑 A 绝”条）。

（82）耐［nai^{53}］：结实耐用，本指“禁得起、忍得住”。《广韵》

去声代韵奴代切："耐，忍也。"今客家方言指"结实耐用"（即禁得起使用），意义稍有变异。

（83）精［tsin^{44}］：谷物籽实饱满，与"冇（音［p^{h}aŋ^{53}］）"相对。如可说"精谷饱满的谷粒"（与"冇谷秕谷"相对）。"精"在这里的意思是"饱满的"，应是从它的"纯正、完美、精华"义引申而来（《广韵·清韵》："精，正也，善也，好也。"《字汇·米部》："凡物之纯至者皆曰精"）。在某些地方的客家方言，还有"精蛋"的说法，指"能孵出幼小动物的蛋"。

（84）腌（或说合音词"个腌"）［an^{31}］：用作程度副词（很）和指示代词（那么）。近代汉语就有相近说法，字写作"腌"。《宋语言词典》对它的解释是："副词，强调程度极深，略相当于'尽，穷'等。"例句是：①把张君瑞送得来腌受苦！②把目前已往，为他腌苦，都对着那人说。这些说法与现在的客家方言大体相近。在梅县，又说"［kan^{31}］"，俗写作"柬"（客家山歌有《柬好阿哥爱妹行》），应是"个远指代词腌"的合音。

（85）系话［he^{53} va^{53}］：如果。"系"为判断动词，"话"指"说"。

（86）紧……紧……［kin^{31}…kin^{31}…］：越……越……。该词可能来源于近代汉语中作副词用的，义同"很、甚"的"紧"。元·佚名《盆儿鬼》楔子："遇着一个打卦先生，叫做贾半仙，人都说它灵验得紧。"

（87）A 㾶 A 绝［…kuo^{44}…ts^{h}iet^{5}］：形容程度深（如愚蠢到极点）。"㾶"是本字，见于《集韵》平声戈韵古禾切："秃也。"在客家方言中，它多指"器具磨损、钝秃"（见上文"㾶"条），是"秃也"的继承，也有"绝"义，如本例"A 㾶 A 绝"（"㾶"与"绝"构成同义复指）及詈语"㾶毛绝代断子绝孙"，都是"秃也"的引申。

以上 87 条词语在客家方言内部一致性很强，以下词语内部一致性稍微弱一些。

（1）崠［tuŋ^{53}］：山脊。原义指"山脊"及以之命名的"山名"。《玉篇·山部》："崠，山名。"《集韵》："崠，山名，一曰山脊。"又去声送韵多贡切。

（2）湖洋田［fu^{11} ioŋ^{11} t^{h}ien^{11}］：常年被水浸泡着的农田。

（3）燥爽［tsau^{44} soŋ^{31}］：（地表等）干燥不湿。

（4）亢［hoŋ^{53}］：起来，起床。本义为“高”。《广雅·释诂四》：“亢，高也。”客家方言的“起来，起床”与此义相关（起来，起床，即身体抬高或举高）。口浪切（《广韵》）。

（5）领食［liaŋ^{44} set^{5}］：不劳而吃，享受现成物。

（6）领着［liaŋ^{44} tsok^{1}］：不劳而穿，享受现成物。

（7）迣［ts^{h}e^{53}］：传染。《广韵》去声祭韵征例切：“迣，度也。”《字汇》广部：“度，过也。”

（8）啜$_{2}$［ts^{h}ot^{1}］：骗（钱财）。近代汉语词，原义为“引诱、哄骗”。《武王伐纣》下卷：“南宫括过，登于山，啜乌文画独入谷中。”

（9）捋泥［lot^{5} nai^{11}］：用锄头等在地表薄薄地刮泥沙。“捋”在这里的意思是“在地面上刮”（“捋”还可表与此相关的另一义：“啃骨头表面的肉”，如“捋骨头啃骨头”、“捋鸡髀啃鸡腿”，此时读音为［lot^{1}］），应是由其“用手握住向一端滑动”义引申而来。

（10）粄［pan^{31}］：米制糕点。释玄应《一切经音义》卷十八引葛洪《要用字苑》：“（粄）布满反，餈类也。”《玉篇·米部》：“粄，米饼。”

（11）蒜弓［son^{53} kiuŋ^{44}］：蒜柳（蒜的花茎）。取名“弓”可能是因为蒜柳长得较长时，容易弯曲成弓状。

（12）□牯［nen^{53} ku^{44}］：乳房。“牯”在这里指“突出的（部位）”（参见前文“嫲”条），梅县读音如“姑”。“□［nen^{53}］”指“乳汁”，粤北、粤中一些点兼指“乳房”，是百越语底层词。

从使用角度看，上述词语中有不少是方言常用词，如亲属称谓词；从历史来源看，主要是古代汉语词；从历史层次来说，主要是创新词；从内容上看，主要反映与山区生活相关的常见事物、生产动作、基本概念。根据它们，我们可以得出一个结论：客家方言是一种“山话”，它来源于中原汉语，成型于南方山区。

（五）客家方言的熟语

客家方言有许多熟语，包括成语、惯用语、歇后语、谚语等。以梅县话为例，成语有“安耳斗柄比喻胡编乱造”、“养蛇食鸡犹言引狼入室”等；惯用语有“鬼打鬼指狗咬狗，黑吃黑”、“打冇嘴说空话”等；歇后语有“火烧月历——无日子月历，日历。日子，暗指时间。形容时间极为紧迫”等；谚语有"人怕老来穷，禾怕寒露风人到老年，经济拮据，日子将不好过，有如晚稻扬花吐穗期，遇上寒露冷风的侵袭，会造成歉收甚至失收"等。这些熟语在日常生活中为人们所习用，结构比较固定，意义比较完整，具有鲜明的口语性、通俗性、形象性，不少富于哲理，含义深刻。本部分介绍其中的主体：谚语和歇后语。

1. 谚语

客家谚语是流传于客家地区的形象通俗而又含义深刻的语句，是客家人生产生活经验的总结，是在客家人的生产生活基础上形成的，极具地方特色。以下从形式特点、修辞手法、思想内容、意义类别四个方面来对它进行分析（参见陈淑宜的《浅析客家谚语》）。

（1）客家谚语的形式特点。

客家谚语在形式上有以下四个特点：

第一，在语音上，注意押韵、平仄。

①注意押韵。包括同音字押韵和同韵字押韵。

同音字押韵，指的是一句谚语中，前半句的最末一字与后半句的最末一字同音，形成同音押韵。这种同音字押韵，两字的声、韵、调全同，有时两字是同一个字，有时两字是不同的字。例如：

立夏小满，河满缸满。

食在面上，着在身上。（食：吃。）

手长衫袖短，脚长裤又短。（袖：衣袖。）

树老根多，人老话多。

人要虚心，火要空心。

以上谚语的前一句最末一字与后一句最末一字均属同音。

同韵字押韵，指的是一句谚语中，前半句最末一字与后半句最末一字同韵（但不同音），形成同韵押韵。例如：

为老不尊，教坏子孙。（韵同为 un。）

人情完人情，财上爱分明。（完：归；爱：要，"情"、"明"两字的韵同为 in。）

有样无样，看看世上。（韵同为 oŋ。）

②注意平仄。例如：

多赊成债，久债难捱。（声调是平平平仄，仄仄平平。）
一人得道，猪狗升天。（声调是仄平仄仄，平仄平平。）
有钱好讲话，无钱早归家。（声调是平平仄仄仄，平平仄平平。）
讲话个人无意，听话个人有心。（个：的。句子的声调是仄仄仄平平仄，平仄仄平平平。）

平仄在客家谚语中没有像古代律诗那么讲究完全相对，但大都平仄交替，使谚语抑扬顿挫，有比较强烈的音乐美感。这种平仄交替在以下谈对称性及对偶时能看到。

第二，在字数上，客家谚语以 10 字为多。

客家谚语在句子长短上，均以简短为主要特征，它能把较多的信息以较少的语句表现出来，而这较少的语句又能用较少的字数组成。其字数以 10 字为最多（上、下句各 5 字），8 字次之，14 字居三，30 字以上的很少。

①10 字的谚语如：

食过黄连苦，方知甘草甜。
一脚登龙门，身价增十倍。
老虎食乌蝇，不够塞牙缝。（乌蝇：苍蝇。）
寡妇哭独子，句句喊心肝。
山中无老虎，猴哥称大王。
贪色唔顾病，斗气唔顾命。（唔：不。）

②8 字的如：

大人用讲，细人用抢。（细人：小孩。）
物件薄薄，人意重重。
是非唔分，好坏唔清。

人情要长，数目要短。

③14 字的如：

两耳唔听窗外事，翻身跳出是非门。
莫在人前夸海口，强中还有强中手。
受得香火成得神，受得委屈成得人。

④30 字或 30 字以上的如：

霜降在月头，卖撇棉被来买牛；霜降在月中，十个牛栏九个空；霜降在月尾，冻死老虎尾。（撇：完，了。）

冬至在月头，寒到年暝兜；冬至在月中，无雪又无霜；冬至在月尾，寒到二月尾。（年暝兜：年尾，年底。）

第三，在短语数量上，有的由一个短语构成，有的由两个短语构成，有的由三个或三个以上短语构成。

①一个短语构成的如：

番薯芋子半年粮。
好食唔留种。（唔：不。）
茅寮出状元。（茅寮：茅草屋。）
家家灶额一般乌。（灶额：用砖土等垒成的生火做饭的灶台。）
不到龙潭心唔死。
再大个蓑衣还在斗笠下。（斗笠：竹笠。）

②两个短语构成的如：

闹市做生理，静处可安居。（生理：生意。）
相打望人拖，官司望人和。
打在子身，痛在娘心。
拳头向外打，手指向内弯。

有样学样，无样学和尚。
蛇有蛇路，人有人计。
取笑人，唔似人。

③三个或三个以上短语构成的如：

立冬前犁金，立冬后犁银，立春后犁铁。
春露晴，夏露雨，秋露蒙蒙做大水。（做大水：发大水。）
雨打秋，加倍收；雷打秋，对半收；风打秋，会无收。

第四，在结构上，客家谚语注意对称、紧缩。

①两个或两个以上短语组成的客家谚语，结构上往往有对称性。这种对称的形式，有宽对和工对之分，宽对只要求前后数字相等。例如：

眉重早当家，须黄发达迟。（眉重：眉毛浓密。）
鱼怕旱塘，人怕浪荡。

工对是前后两个部分不仅数字相等，而且讲究修辞效果，形成比较工整的对称。例如：

人多无好食，猪多无好糠。
好子过学堂，好女过家娘。（家娘：婆婆。）
菜老筋多，人老病多。
火心越空越好，人心越实越好。
同病相怜，同忧相救。

以上谚语前后两个部分在结构上分别相同，前后有重复的词语，可看作排比式谚语。以下是对偶式的谚语。例如：

养猪靠糠，种田靠秧。
深耕长谷，浅耕长草。
成家的粪如宝，败家的钱如草。

患难易同，富贵难共。

食苦在前，享福在后。

②客家谚语具有紧缩性，其方法有以下两个。

一是在紧缩时，略去某些可省略的成分。例如：

冬至萝卜小人参。（是“冬至萝卜相当于小人参”的紧缩，省略了“相当于”。）

人穷断六亲。（是“因为人穷所以断六亲”的紧缩，省略了“因为……所以……”。）

六月西风火烧天。（是由“六月西风”和“六月火烧天”两个部分紧缩而成，后一部分省略了“六月”。）

子多饿死爷。（是“子多”，“子饿死爷”的紧缩。）

二是采取“意合”的办法，只出现与表义关系最密切的主要词语。例如：

七红八白。（指农历七月种植胡萝卜，八月种植白萝卜。）

光松暗杉。（指松喜向阳，杉背光而长。）

三月三，梅子着黄衫。（指三月三这个时候，梅子成熟了。）

五月节，杨梅红出血。（指五月节这个时候，杨梅成熟了。）

有雨天开顶，无雨脚下光。（指天的上半部分光亮，而天的下半部分阴暗，还是下雨的天象；只有天的下半部分较光亮时，才是转晴的天象。）

（2）客家谚语的修辞手法。

客家谚语生动、简练，是由于运用了多种修辞手法。客家谚语所用的修辞手法主要有以下七种。

①比喻。有的客家谚语运用了比喻的修辞手法，使抽象的事物、事理变得具体、形象。例如：

春雨贵如油。（春天的雨水像油一样贵，道出了春雨的珍贵。）

钱财如粪土，仁义值千金。（钱财像粪土一样不值一分钱，而仁义像千金一样贵重，形象地表达了重仁义胜过金钱的思想。）

春天细人面，一时三刻变。（细人：小孩。这句话说的是春天的天气跟孩子的脸一样让人捉摸不定，说变就变，把天气比作孩子的脸，让人一看就明了是怎样的天气。）

人求我，三春风，我求人，六月雪。（通过比喻，形象地道出了“人”、“我”求人时的不同境遇。）

②借代。有的客家谚语运用了借代的修辞手法，以便于引起人的联想，使表达收到形象突出、具体生动的效果。例如：

借钱时桃园三结义，还钱时刘备借荆州。（用“桃园三结义”代指称兄道弟，用“刘备借荆州”代指赖着不还，加深了人们的印象。）

床上添双脚，要食又要着。（用“脚”代指人，即添一个人。）

茅寮出状元。（用“茅寮”代指贫穷之家，用“状元”代指学业上、事业上取得卓越成绩的人。）

十七十八一枝花，七老八十牛屎巴。（用“一枝花”代指姑娘十七八岁时靓丽的容颜，用“牛屎巴”代指年纪大时的丑陋容颜。）

宁交双脚跳，莫交眯眯笑。（用“双脚跳”代指脾气暴躁的人，用“眯眯笑”代指笑面虎之人。）

③比拟。有的客家谚语运用了比拟的修辞手法，使听者产生联想，体味深意，表达效果因而得到加强。例如：

十二月雷公叫，谷种缸里嫽；十二月蚊子叫，落秧落到謦。（嫽：玩耍；謦：哭。将“雷公”比拟为会“叫”的动物，将“谷种”比拟为会玩耍的人。）

清明前，打扮田。（指清明前开始春耕，将“田”比拟为能被打扮的人。）

清明后，打扮豆。（指清明后开始给豆类松土、锄草、上架之类，将“豆”比拟为能被打扮的人。）

八月半，禾打扮。（指八月半前后要开始耘田，将“禾”比拟为可以打扮的人。)

④夸张。有的客家谚语运用了夸张的修辞手法，使表达的意思更突出、鲜明，给读者更强烈、深刻的印象。例如：

口食山崩，坐食山空。(只吃不做的话，连山都会被吃崩吃空。)

刀可以割肉，话可以断骨。（言语很多时候是极其锋利尖锐的，以致可让人骨断掉，此谚语告诫人们慎言行事。)

⑤排比。有的客家谚语运用了排比的修辞手法，因而句子前后贯通，结构紧凑，语势强劲。例如：

雨打秋，加倍收；雷打秋，对半收；风打秋，会无收。

冬至在月头，寒到年暝兜；冬至在月中，无雪又无霜；冬至在月尾，寒到二月尾。

春发东风雨连绵，夏发东风高系船，秋发东风禾白穗，冬发东风雪满天。

霜降在月头，卖撇棉被来买牛；霜降在月中，十个牛栏九个空；霜降在月尾，冻死老虎尾。

⑥对偶。客家谚语的对偶不是非常严格的对偶，它不避同字相对。从内容上看，可分为正对、反对、串对三种。例如：

冷铁难打，冷言难听。(正对)

坐成懒，睡成病。(正对)

谦者成功，夸者失败。(反对)

食苦在前，享福在后。(反对)

人勤地生宝，人懒地生草。(反对)

忍得一时之气，免得百日之灾。(串对)

一餐省一口，一年省一斗。(串对)

对偶使客家谚语在句式上结构整齐，形式工整；在内容上对比强烈，前后呼应。

⑦对比。对比手法在客家谚语中运用得很多，通过对比，给人们留下深刻的印象。对比常常与对偶同用。例如：

多叫一声叔，少走十里路。（“多”与“少”对比，“一”与“十”对比。）

患难易同，富贵难共。（“患难”与“富贵”相对，“易”与“难”相对。）

朋友易得，知己难求。（“易”与“难”相对。）

（3）客家谚语的思想观念。

客家谚语包含了客家人丰富的思想观念，反映了客家人的精神价值观。主要包括以下十二方面。

①勤劳节俭。例如：

早起三朝当一工，早起三年当一冬：早起三天胜过一工，早起三年胜过一个冬季。这句话用以勉励人要爱惜光阴，充分利用时间做事，如此才容易成功。

食死老公眠烂席：讽刺只会依赖老公供养的懒妇。

后生唔做家，老欸正知差：年轻时不节俭，到老就会后悔。

②自立自强。例如：

好女唔贪嫁时衣，好男唔贪爷田地：意指好的儿女不需要父母的帮助，能靠自己的力量开创事业和生活。

敢食三斤姜，敢顶三下枪：比喻敢作敢为敢担当。

牛角唔尖唔过岗：比喻没有一定本事，不敢外出谋生。

③务实求效。例如：

看山倒樵，看菜傍饭：比喻从实际出发来看待和处理问题。

打蛇打七寸：七寸是蛇的要害。比喻做事要掌握关键。

打屁安狗心：原是说先放屁来安慰饥饿的狗，后指说些不实际的话来敷衍应付。

④遵时守序。例如：

打得更来夜又长：比喻时间拖长了，可能发生不利的变化，故凡事应及时进行。

莳田莳到立夏节，唔当上山去拗蕨：莳田，插秧。唔当，不如。拗蕨，采蕨。这句话说明早稻插秧宜在谷雨前，立夏就太迟了。

言学行先学走：谓小孩未学走先学跑，容易跌倒。比喻做事秩序颠倒，不容易成功。

⑤崇文重教。例如：

家有千两黄金，不如藏书万卷：指书比黄金重要。

唔读书，瞎眼珠：不读书、不识字，如同睁眼瞎。

读书肯用功，茅寮里面出相公：指用功读书，贫苦人家也能出人才。

⑥孝亲敬老。例如：

还生食四两，当过死后祭猪羊：还活在世上时可以吃到四两肉，胜过死后吃整只猪、羊。劝人及时行孝。

千跪万拜一炉香，唔当生前一碗汤：对死去的父母虔诚礼拜，不如生前恭敬地侍奉一碗汤。劝人行孝要及时。

蔗就老来甜，姜就老来辣：比喻上了年纪的人，经验较为丰富。

⑦扬善抑恶。例如：

修心当过食斋：比喻做好事胜过吃素修道。

行得夜路多，必有遇鬼时：夜路走多了总会遇见鬼，用来比喻坏事做太多总有被发现的一天。

恶人自有恶人磨：再凶恶的马也有很凶的人来骑它；用以比喻不管是如何凶狠的人，还是有人可以制得住的。

⑧看重情义。例如：

只爱人情好，食水也咹甜：爱，要。咹，很。说明交往重在情谊，而不在吃吃喝喝上。

你有春风，我有夏雨：比喻礼尚往来，投桃报李。

莫饮过量之酒，莫贪不义之财：劝诫人们不要贪杯损害健康，也不应以非法手段敛财。

⑨以和为贵。例如：

官司好打，狗屎好食：食，吃。意谓不要随意打官司，是劝人以和为贵之意。

话唔好讲死，事唔好做绝：指说话、做事都要留有余地。即凡事多留一步给别人。

讲笑讲伤慈，摝痒摝角皮：角皮，皮肤弄破。比喻说笑话如果说得过分，往往使人难堪，甚至伤和气。

⑩求稳避险。例如：

眠倒打唔跌：比喻立于不败之地。

天晴防落雨：比喻在事故或灾害发生前，就应采取预防的措施。特别是指有钱不要乱花，要有所积蓄。

南蛇穿竹篱，唔死敓身皮：比喻经历险境必有严重后果。

⑪精明灵活。例如：

人爱灵通，火爱窿空：一个人的头脑要灵活才能发挥聪明才智，犹如火要通风，炉火才会兴旺一样。比喻人要知变通，不可固执。

出门看天色，入门看面色：出门要观察天色以了解天气，进门要观察人的脸色以了解其情绪。

食唔穷，着唔穷，无划无算永世穷：吃不会吃穷，穿不会穿穷，计划失当就会一辈子穷。比喻正常吃穿不会穷，没有良好的规划才会陷入贫困。

⑫团结互助。例如：

万众一条心，黄土变成金：指团结力量大。
一人有难大家帮，一家有事百家忙：指有困难时大家要相互帮助。
轻霜打死单根草，狂风难毁万木林：形容团结互助的重要性。

以上是客家谚语体现出来的客家人的十二种比较突出的思想观念。除此之外，客家谚语还能体现其他思想观念，如追求公平（食得平，使得行：比喻若报酬或分配公平合理，就能调动积极性）、注意食疗（三日唔食青，行路片重轻：说明要经常吃青菜，才有益于健康）、崇尚礼仪（问路不施礼，多走几十里：指问路时要有礼貌）、讲究人品（唔贪郎田地，只贪郎精致：说明嫁夫首选不在对方的财产多寡，而在对方的人品高低）、强调肚量（盲做生理，先学肚量；盲曾出门，先学谦让：说明要懂得做人须有肚量，知道谦让）、重视后代（财多唔当身体健，官大唔当子孙贤：说明子孙贤最重要）、崇宗敬祖（宁卖祖宗田，不忘祖宗言：指不忘祖宗的语言）、热爱故土（离人难分，故土难离：说明不愿意离开故土）等。

这些思想观念的背后有一个深厚的传统文化——山居稻作文化，即山区农业文化。这种文化背景下的生活往往不太理想，为了战胜苦难，解决温饱问题或者获得更理想的生活，就需要“勤劳节俭”、“自立自强”、“务实求效”、“遵时守序”、“精明灵活”、“团结互助”，也需要“崇文重教”（“学而优则仕”是改变艰苦生活的一个好途径）；而“孝亲敬老”、“扬善抑恶”、“看重情义”、“以和为贵”是中华民族的传统美德，在继承了传统农业文化的客家地区，自然能得到较好的传承。另外，山区小农文化下的客家人也会自然而然地产生“求稳避险”的观念。

这些思想观念都是客家民系的传统观念，在别的民系或多或少也存在，只是在客家地区表现得更为突出。它们基本上都属于客家优秀文化。当然，这些在山区农业文化背景下形成的思想观念也带来了一些消极的影响或后果，如视野不够开阔，心胸有些狭窄；在意小范围的团结，容易内斗；太过求稳，不敢创新、冒险；太过务实，睿智、改革不够；太过重农，重商有限；太过功利，大作为不够，等等。所以，客家人在继承优良传统的同时，应该摒弃其消极的一面。

（4）客家谚语的意义类别。

客家谚语包含社会生活的方方面面。从意义角度看，主要有以下类别：气象谚、农谚、规诫谚、生活常识谚。其中又以气象谚、农谚为最多。

①气象谚是关于气象的谚语。例如：

雷公先唱歌，有雨也无多。（未雨先打雷，下不了多少雨。）

朝霞夜雨，夜霞无点水。（早晨红霞满天预示这一天会下雨；傍晚出红霞，则预示无雨。）

南闪三日，北闪对时；东闪西闪，无水洗板。（南方闪电，则三日内必下雨；北方闪电，则一天都下雨；东西两方闪电，则天旱。）

日看东南，夜看西北。（观察晴雨，白天看东南，夜间看西北，方有所得。）

春暖春晴，春寒雨聚。（春天天气温暖的话，则预示天晴，若寒冷则会下雨。）

立夏起北风，十口鱼塘九个空。（立夏这天刮北风，预示将会天旱。）

夏至唔过唔热，冬至唔过唔寒。（夏至过了才会真正热起来，冬至到了天气才会真正冷起来。）

一场春雨一场暖，一场秋雨一场寒。（春天下一场雨暖一次，秋天下一场雨寒一次。）

以上气象谚可使人们得到有关天气、气候及其变化的知识，对人们预测、预知天气和气候有帮助。

还有一种气象谚与动物行为相关，它对人们预测天气也是有帮助的。例如：

蛇过道，雨将到。(蛇爬在道路中间，雨便将要来临。)

狗食水，天将雨；猫食水，天将晴。（狗喝水，预示将会下雨；猫喝水，预示天气将会转晴。)

②农谚是关于农业生产的谚语。例如：

清明前，打扮田。(指清明前开始春耕。)

清明后，打扮豆。（指清明后开始给豆类松土、锄草、上架之类。)

谷雨莳田立夏止。(谷雨时节就可开始插秧了，到了立夏时节就不适宜插秧。莳田：插秧。)

芒种前好种棉，芒种后好种豆。(芒种前是种棉的好时机，芒种后是种豆的好时机。)

瞎目秋，番薯芋子有；光目秋，米谷有。(夜间立秋，地瓜、芋头会有好收成；白天立秋，稻谷会有好收成。瞎目：夜间；光目：白天。)

这些农谚往往与节气有关，它可提醒人们不违农时，及时耕作。

从表现上看，气象谚和农谚数量很多。这是因为客家地区以农业为主，农业是整个客家经济的主要生产部门，农民占整个客家地区人口的大多数。客家人经过几百年的繁衍生息，创造、积累下来的气象谚、农谚极其丰富。

③规诫谚是对旁人、后人进行规劝、警诫的谚语。例如：

唔学唔知，唔问唔晓。

钱财越花越少，学问越问越多。

六十六，学唔足。

以上是教人要勤奋学习的谚语。

弹打出头鸟，掌打多嘴人。

这是教人要谨言慎行的谚语。

人情一把锯，你有来，我有去。
你敬我一尺，我敬你一丈。
你有春风，我有夏雨。

以上是教人要礼尚往来的谚语。

这些谚语均劝诫人们怎样行事、处世，给后人以启发、教训。

④生活常识谚是有关人们日常生活各种知识的谚语，主要是与衣食住行和医药、卫生、保健有关。

有关衣食住行的如：

省了一尺布，去撇一条裤。（量衣做裤应合尺寸，莫要因小失大。）

买唔起子孙田，做唔起子孙屋，子孙自有子孙福。（留给子孙最重要的是精神财富，而不是物质生活方面的东西。）

久住难为人。（在别人家里长住，会给主人家带来诸多不便。）

冬至羊，夏至狗。（冬天适合吃羊肉，夏天适合吃狗肉。）

有关医药、卫生、保健的如：

食药三年会行医。（一个人病久了会懂得许多医疗方面的知识。）

病人怕肚胀。（生病的人如果肚胀，那是不好的征兆。）

冬食萝卜夏食姜，唔劳医生开药方。（饮食也要注意季节性。）

饭后三百步，唔用上药铺。（饭后散步有益身体健康。）

2. 歇后语

歇后语是由近似谜面和谜底的两个部分组成，前一部分是谜面，后一部分是谜底。平时说话，常常只说前一部分，而将后一部分藏着不说，让听话人去猜测、体会，所以显得幽默风趣，歇后语的名称也正由此得来。

客家方言歇后语很丰富，多姿多彩，有以下四方面的表现。

（1）数量大，类别清晰。

客家歇后语数量大，根据初步统计，陈庆忠《客家话词典》所收歇后语达240条，而黄火兴《梅水风光——客家民间文学精选集》记录的歇后语则有500多条。考虑到其中会存在漏收的现象，所以实际语言中的歇后语肯定比已收录、记载的多。

从类别来看，客家歇后语类别清晰，可以分为以下两类：

①喻义歇后语。它的前一部分往往是一个比喻，后一部分在字面上是对前面的解释，实际上言在此而意在彼，另有含意。如“巴掌生毛——老手”表面上说的“老的手（即长毛的手）”，实际上暗指“对于某种事情富有经验的人”。再如：

阿婆嫁孙女——无主无意。（指做事情拿不定主意。阿婆：祖母。）

坳上伯公——两头食得。（指两边都得到好处。伯公：土地神。）

冇谷落秧——无好种。（意为孬种，指人没有教养。冇谷：空心的、不饱满的谷子。）

戴等笠嫲斟嘴——差得远。（指离要求或目标太远。笠嫲：斗笠；斟嘴：亲嘴；等：着。）

床底下破樵——撞板。（指碰钉子，遇到困难。樵：柴。）

钉屐用钻敹——多此一举。（比喻多余的举动。屐：木屐；钻：锥子。）

②谐音歇后语。前一部分说出一件具体的事情，后一部分加以解说，这是运用谐音双关的手法，表达出深层的意思。如“背囊上摝痒——倒爪”中，“爪”谐“找”，“倒爪”即“倒找”，指反过来垫钱。再如：

雨涿灯笼——净骨。（意为尽是骨头，骨瘦如柴。净：谐“尽”；雨涿：雨淋，雨打。）

丈人佬个菜地——岳园。（意为愕然。岳园：谐“愕然”；丈人佬：丈人；个：的。）

炙敆装酒——唔在壶。（意为不在乎、不在意。壶：谐“乎”；炙敆：熬中药用的瓦罐子。）

猪脷傍酒——双舌。（意为损失大，蚀本。舌：谐“蚀”；猪脷：猪舌头。）

竹篙晒衫——袖来。（意为就来、立刻来。袖：谐“就”；竹篙：竹竿；衫：衣服。）

老公泼扇——妻凉。（意为凄凉。妻：谐“凄”；泼扇：扇扇子。）

（2）取材广泛，描述对象多种多样。

客家歇后语前一部分取材广泛，描述对象多种多样，特别是以各种常见的物体、物象及人物为描述对象。

①以动物为描述对象。例如：

狗食猪脷——噍舌嫲。（意为胡言乱语。猪脷：猪舌头；噍：咀嚼；舌嫲：舌头。）

老鼠缘桁——慢上梁。（即慢商量。缘：爬；桁：檩条。）

鸡公生卵——做唔到。（指事情无法办到。卵：鸡蛋；唔：不。）

脚鱼上岭——狂爬。（使劲往上爬。脚鱼：甲鱼。）

苦瓜虫——内贡。（即内讧。贡：谐“讧”。）

满塘鲫鱼敆——无个鲤。（意为没这道理。鲤：谐“理”；个：这。）

猫搲糍粑——难脱爪。（意为难脱干系。搲：抓。）

牛牯相斗——角打角。（即各打各。角：谐“各”；牛牯：公牛。）

乌龟撞石头——硬碰硬。（意为用强硬的办法对付强硬的人。）

蚊敆脚——无髀。（即无比，不能比较。髀：大腿，这里谐“比”；蚊敆：蚊子。）

蜈蚣虫——手多脚多。（比喻喜欢指手画脚，多管闲事。）

这类例子非常多，基本都和客家人的生存空间——山区有关。有的例子反映了客家人观察的细致，如最后两例。

②以农作物或其他植物为描述对象。例如：

番豆剥壳——还有衣。（指还可医治。衣：花生仁的皮，这里谐“医”；番豆：花生。）

冇谷沉水——假精。（即假惺惺。冇谷：空心的、不饱满的谷子。）

生水芋荷——会搲颏。（比喻事情使自己非常难受。芋荷：芋头的茎叶；搲颏：刺激喉咙。）

十月芥菜——上芯。（即伤心。上芯：谐“伤心”。）

灯草打结——芯连芯。（即心连心。芯：谐“心”。）

辣擦敆——唔成柿。（即不成事，不会成事。柿：谐“事”；唔：不；辣擦：像柿子那样小。）

麦管吹箫——小气。（意指气量小。）

园篱背竹笋——外生。（即外甥。生：谐“甥”；园篱背：篱笆外。）

黄泥捞杉树——入土。（即入土埋葬。）

③以人物为描述对象的，牵涉面很广，大致分为四类。

A. 以历史人物为描述对象的。例如：

皇帝相打——争天。（意为差得远。争：本为“争抢”的“争”，这里谐指“相差”的“争”。）

孔夫子手巾——包书。（即包输。书：谐“输”；手巾：毛巾。）

张天师失印——无法。（意指无法，无办法。）

B. 以生理上有某种缺陷或疾病的人为描述对象。例如：

单眼敆看人——一目了然。（单眼敆：瞎了一只眼的人。）

驼背佬上楼梯——中等。（指属于中等的。驼背佬：驼子。）

哑吱读书——无话。（即没说的。哑吱：哑巴。）

C. 以大人、小孩为描述对象的。例如：

阿兰嫁阿瑞——乱点鸳鸯谱。(阿：前缀，此处用于人名前。)

寡妇婆屙屎——有出无入。(屙屎：解大便。)

阿七哥打鸟敹——闭敹咕。(指死了。“鸟”音“雕”。)

大伯个俫敹——家兄。(即加凶，更加凶。家兄：谐“加凶”；个：的；俫：儿子。)

D. 以各种行业、各种不同身份的人为描述对象。例如：

木匠孩枷——自造。(即自作自受。孩：荷，此处为“戴”的意思。)

唔做和尚——无经念。(即没有经验。念：谐“验”；唔：不。)

圣公跌倒脚——无法。(即没有办法。圣公：巫师。)

寿仙公吊颈——嫌命长。(指一个人把生命当儿戏。寿仙公：老寿星；吊颈：上吊。)

④以身体部位为描述对象。例如：

巴掌生毛——老手。(指对于某种事情富有经验的人。)

鼻公好插香——高傲。(指人高傲，瞧不起人。)

多手指猜拳——出六。(指出丑、出洋相。)

瘌痢头——难剃。(指难于驾驭。)

⑤以生活器具为描述对象。例如：

喇叭断管——坏笛。(即坏透了，多指后果严重。笛：唢呐。)

烂灯笼——吊框。(意为唱高调。框：谐“腔”。)

老洋油桶——点火就着。(比喻一个人容易动火。洋油：煤油。)

利刀嫲——净钢。(指本事有限。利：锋利；刀嫲：菜刀。)

三脚凳敹——唔稳当。(意指办事不老成。唔：不。)

十三两秤敹——假正斤。(即假正经。斤：谐“经”。)

剃头刀欸——净钢。（意为本事有限。）

⑥以地理为描述对象。例如：

火烧岃冈——空死。（即白死。岃冈：指山冈。）

清水潭几个石头——一眼看穿。（比喻极易识破的阴谋诡计。）

丈人佬个菜地——岳园。（意为愕然。岳园：谐“愕然”；丈人佬：丈人；个：的。）

涌水角——闲潭。（意为闲谈。潭：谐“谈”；涌水角：急流缓行处。）

⑦以鬼神或与鬼神相关的事为描述对象。例如：

伯公背驼牛——斗神唔倒。（指打不倒神。伯公：土地神。）

半山岃上丢佛欸——废神。（即费神。废：谐“费”；岃：山冈。）

跛脚公王——废神。（即费神。公王：客家地方神。）

门神拿来卷灶神——画里有画。（即话里有话。画：谐“话”。）

新庙转火——入神。（意为聚精会神，心无旁骛。）

阎王讲古——鬼话连篇。（讲古：讲故事。）

⑧以某种农事为描述对象。例如：

沙坝开田——大荒。（即大方。大荒：谐“大方”；沙坝：沙滩。）

镬头斫菜——铁锄园。（即太迟了。铁锄园：谐“忒迟延”；镬头：锄头；斫：砍，割。）

萝卜搒撇——窟还在。（即窟窿还在。搒撇：拔完了。）

落雨天孩秆——越孩越重。（比喻负担越来越重。落雨：下雨；孩：挑，本字为“荷”；秆：稻草。）

天井种菜——无园。（即无缘分。园：谐“缘”。）

月光下捡狗屎——装勤。（即假装勤劳，不是真勤劳。）

客家方言的歇后语在实际生活中的题材比上面所列的多，其中的描述对象，有的是现实中确实存在而且是在客家地区常见的。例如：

番豆剥壳——还有衣。（指还可医治。衣：花生仁的皮，这里谐“医”；番豆：花生。）

牛牯相斗——角打角。（即各打各。角：谐“各”；牛牯：公牛。）

蚊敥脚——无髀。（无比。髀：大腿，这里谐“比”；蚊敥：蚊子。）

鸭嫲蹄——无凹。（意为无可辩驳。凹：谐“谀”，争辩；鸭嫲蹄：母鸭的鸭掌。）

也有的是现实中不存在的、虚构的。例如：

饭勺敥生牙——扎甑。（意为勤劳。扎甑：本为刺饭甑，这里指勤劳。）

镬头里洗脚——徛铁。（即欺铁。徛：谐“欺”；铁：铁，这里谐“生”；镬头：锅。）

井底撑船——难开篙。（即难开交，忙得不可开交。篙：谐“交”。）

床底下破樵——撞板。（指碰钉子，遇到困难。）

这部分歇后语展现了客家人丰富的想象力，客家歇后语也因而变得更形象，更生动。

（3）注释方式多，语言技巧多。

从前、后两部分的关系看，后半部分总是对前半部分进行注释，注释的方式有很多。

①描写状态。例如：

阿七哥打鸟敥——闭敥咕。（指死了。“鸟”音“雕”。）

穿底米升——量唔得。（意指热得很，凉不了。量：谐“凉”。）

钝刀破竹——想唔开。（意指思想不通。唔：不。）

②作出判断。例如：

二三四五——缺一。（即缺衣。一：谐“衣”。）

六七八九——少十。（即少食，缺吃的。十：谐“食”。）

六月天光着棉裤——唔识时务。（即不识时务。着：穿；天光：天景。）

③说明结果。例如：

半夜上云——黑天。（即乌黑的天空。）

老公泼扇——妻凉。（即凄凉。妻：谐“凄”。）

萝卜捞撇——窟还在。（即窟窿还在。捞撇：拔完了。）

④说明原因。例如：

寿仙公吊颈——嫌命长。（指一个人把生命当儿戏。寿仙公：老寿星；吊颈：上吊。）

卵孵鸡唔出——坏蛋。（即坏家伙，骂人话。卵：蛋；唔：不。）

年初一唔烧火——掂粄。（即掂板，不慌不忙。粄：糕点，谐“板”；掂板：不慌不忙。）

从表达看，客家歇后语中运用了较多的语言技巧。首先是运用了修辞技巧，主要是运用比喻和谐音双关。运用比喻的如：

钉屐用钻敹——多此一举。（比喻多余的举动。屐：木屐；钻敹：锥子。）

东莞腊肠——又粗又短。（比喻东西又粗又短。）

黄毛鸭敹下水——不知深浅。（即不知道分量。）

运用谐音双关的如：

茶罂装酒——唔在壶。（即不在乎。壶：谐“乎”。）

冷镬炒饭——无气。（即没有去。气：谐“去”。）
水桶装鲩——屈鱼。（即委屈你。鱼：谐“你”。）

就歇后语的前一部分来说，还有运用拟人和夸张的。用拟人的例子如：

火烟无脚——气上天。（意为怒气冲冲。）
阎王讲古——鬼话连篇。（讲古：讲故事。）

用夸张的例子如（含夸大和缩小）：

巴掌生毛——老手。（指对于某种事情富有经验的人。）
井底撑船——难开篙。（即难开交，忙得不可开交。篙：谐“交”。）
针头上削铁——净钢都有限。（指本事有限。）

除了修辞技巧，客家歇后语有时还运用文字技巧，例如：

子字无横——了字。（指事情得到了结。字：谐“事”。）
大字无横——人字好。（指人际关系好。字：谐“事”。）
两个山字——请出。（请出去，即解雇。）
三字直写——看川。（即看穿。川：谐“穿”。）
二三四五——缺一。（即缺衣。一：谐“衣”。）
六七八九——少十。（即少食，缺吃的。十：谐“食”。）

多种技巧的运用，使客家歇后语生动有趣。

（4）客家特色鲜明。

首先是用词上使用了大量的客家方言词，以本书第 102 ~ 103 页的 12 条歇后语为例，里面的客家方言词就有：

阿婆：祖母。
伯公：土地神。

冇谷：空心的、不饱满的谷子。

笠嫲：斗笠。

斟嘴：亲嘴。

樵：柴。

钻：锥子。

欸：名词后缀。

涿：淋（雨）。

丈人佬：丈人。

个：的。

炙欸：熬中药用的瓦罐子。

竹篙：竹竿。

衫：衣服。

泼扇：扇扇子。

其次是在谐音上，反映了客家方言的语音特征。就上文的例子看，反映出的特征有：

十三两秤欸——假正斤。（即假正经。）

按："斤"与"经"同音，反映了客家方言 ing 混同 in。

沙坝开田——大荒。（即大方。）

炙欸装酒——唔在壶。（即不在乎。）

按："荒"与"方"同音，"壶"与"乎"同音，反映了客家方言合口呼前的 h 声母与 f 声母混同了。

镢头斫菜——铁锄园。（即太迟了。）

按："铁锄园"谐"忒迟延"，"锄"与"迟"同音，反映了客家方言"锄"读同"迟"，即"锄"的韵母与"迟"的韵母都为舌尖元音。

再次是在选材上，反映了客家地区的物象。例如有的歇后语反映了客家的“岃（山冈）”：

半山岃上作缺——堵坳。（即赌拗。堵：谐“赌”；坳：谐“拗”；作缺：堵缺口。）

点火上山——照岃。（即照应。照岃：谐“照应”，多指财物上的关照。）

山上点火把——照岃。（即照应。岃：谐“应”。）

有的反映了客家地区的“伯公（土地神）”：

两节伯公——脱神。（即休克。）

生须伯公——老神。（即老成。神：谐“成”。）

无鸡敬祀伯公——卵来。（即乱来，胡作非为。卵：谐“乱”。）

以上反映的是客家地区常见的物象。除此之外，有的歇后语还反映了客家地区特殊的物象。例如：

万秋楼灯笼——有夏字。（即有下数，有规矩。夏字：谐“下数”；下数：规矩。因梅城万秋楼主人姓夏，故灯笼上有“夏”字。）

跛脚公王——废神。（即费神。废：谐“费”；公王：客家地方神。因梅县泮坑公王跛脚残废，故有此说。）

这里的“万秋楼”、“公王”都是客家地区的特殊物象。

最后是在内容上，反映了客家的风俗文化。例如：

麻风食狗肉——烂做烂来医。（相当于破罐子破摔。客俗认为，麻风病人吃狗肉，不仅无补，反而有害。）

食老蟹——好名声。（意为好名声。）

黄泥捞杉树——入土。（意即入土埋葬。杉树：这里指杉树做的棺木。）

大葬地坟——无改。（即不会改变。客俗认为，大葬地坟不宜再改动。）

坟前烧纸宝——骗死人。（意即骗死人。）

前两例反映了客家的饮食文化和饮食观念，后三例反映了客家的丧葬文化。

从上述内容来看，客家歇后语中的客家特色鲜明。

3. 熟语故事

在客家熟语（谚语、成语、歇后语、惯用语）中，几乎是一句话一个生动的故事，即熟语故事。以下介绍部分熟语故事，从中可以看出相关熟语的来历（详见黄火兴的《梅水风光——客家民间文学精选集》）。

黄火兴的《梅水风光——客家民间文学精选集》

（1）东门唔开，西门煏拆。

这与太平军攻打嘉应州（今梅州）的故事有关。据《嘉应州志》卷三十一《寇变》记载，咸丰己未年（1859）正月，翼王石达开部将石镇吉，由福建龙岩永定到大埔，二月初二由大埔到松口、嵩山、白渡之间，初四直扑州城。连日环攻，都没攻破，太平军用计，佯攻东门，却在西门挖地道、埋炸药；同时整天战鼓咚咚之声不断，以转移清军视听，“十六日黎明，地雷轰发，西城门坍缺三十余丈，守城者皆走，不知所往”。太平军“三面蚁附而登，城遂陷”。

以后，梅州民众就把这个史实说成“东门唔开，西门煏拆（唔：不；煏拆：裂开缝）”，并用这句话来表达“此处不成功，但彼处成功了”的意思。

（2）脚踏黄塘问黄塘。

传说，清代嘉应州才子宋湘有一天要到黄塘去，来到黄塘村时已傍晚，见路边有一看不清年纪、面貌的女人，便随口问道：“叔娘，到黄塘哪条路去？”那女子回头一瞥，见是一书生，也不直接答，却唱出一首山歌：“你个先生样咁狂，脚踏黄塘问黄塘。佢都黄花少嫩女，样般喊侄大叔娘?!”宋湘一听愕然，仔细一看，果然是一少女。但观其体态，不像未婚之人，便也随口用山歌驳道：“你话侄狂唔会狂，因为唔知正问黄塘。你话你系黄花女，样般胸前两个‘膖’?!”

膖，方言词，指突起的肉，此处意指“乳房”。女子闻歌，不敢再言，含羞而去。

从此，“脚踏黄塘问黄塘”这句话就在客家地区流传开了，人们用它来指“明知故问”。

（3）教师怕柴爿。

宋湘塑像

传说，过去某地有个教打师父（梅州地区对“武教师”的俗称），因出师不久，死遵师传，一招一式，丝毫不敢逾越。有一日，惹了一个卖柴爿的人，两人动了手脚。那教打师父自恃有本事，扎好马步，出招迎敌。不料那卖柴人，根本不管什么招数，不待他准备好，就一片片柴爿飞过来。教打师父还没见过这种打法，挡得上来挡不住下，顾得前来顾不了后，实在难以招架，只好乱嚷道：“咳，你怎么不按照路数呀?!”那卖柴爿的人感到好笑，答道：“若照你的路数，我的老命会输给你了!”说着，又是左右开弓，两片柴爿飞来。教打师父终于输了。

从此，“教师怕柴爿（柴爿：柴头、柴片；教师：武教师，俗称‘教打师父’）”就一直流传至今。

（4）当欸三年保长，唔曾食杯好茶。

某地有个保长，每到一处，人们都泡茶招呼他，且为了敬奉他便端“头杯茶”给他喝。喝头杯茶又有什么不好呢？凡喝茶者都知道，过去制茶用手工，摘下来的新鲜茶叶需在热锅里炒揉后晒干才能成为可用于泡茶的茶叶。制茶人边炒边揉边流汗，汗水、泪水甚至鼻涕都掉在茶里，茶叶炒得不好还有锅巴、锅腥味。茶一泡出来，什么味儿都浮在上边，斟到头杯茶里面。故俗话有云“茶底、酒面、饭中腰”，其中说到的“茶底”，即喝茶要喝茶底，又浓又干净。而当保长的人，却总是喝头杯茶。所以他深有感触地说：“唉，当欸三年保长，唔曾食过一杯好茶（当欸：当了；唔曾：未曾）！”

“当欸三年保长，唔曾食杯好茶”就是这样产生的。

（5）官大唔当子孙贤。

相传很久以前，某地有三个穷人结成了知交。后来，其中一个交了官运，一个发了横财，只有一个清贫如故。自此，他们之间便有了隔阂。穷朋友对此并不灰心丧气，反而艰苦创业，同时重视教育子女，家里妻贤子孝。发横财的却“财多身弱”，药碗不断；当官的，则没教育好子女，其子女倚仗父亲的权势胡作非为。结果三个知交，一个病死了，一个气死了，只剩下那个穷朋友，活到百岁。临死前他给子孙们留下一句话：“财多唔当身体健，官大唔当子孙贤（唔当：不如，比不上）！”

“官大唔当子孙贤”从此流传开来。

（6）目眉毛，垫好看。

从前有个人家，夫妻生了四五个孩子，辛辛苦苦地把他们哺育成人了，有的出门做工，有的出门做生意，家里只剩下一个种田的。外出的终年不回家看父母，连钱也不寄，种田的孩子出息不大，年迈父母的生活依旧辛苦。老头子越想越有气，便同时写了几封信，分别寄给在外的孩子们，信的内容是：“老父病危，朝不保夕，见字速回，切切勿误。”孩子们接到后，惊惶不已，都及时赶回了老家。谁知一到家中，阿爸却在大门口坐着，神色自若，一点儿病也看不出来。老父一言不发，孩子们也不敢启口。那大儿子看着父亲出神，见老父把目眉毛（即眉毛）剃得精光，心里觉得奇怪，便小心问道：“阿爸，你怎么把目眉毛都剃光了？”老父没好气地答道：“目眉毛，再多也是垫好看的，有也当过无！”此话一出口，孩子们才如梦初醒；原来阿爸是怪他们不贤不孝不顾家！于是，兄弟们赶忙跪在老父身前，表示悔过，以后一定尽心赡养父母。

后来，客家人常常在面对子女多而不贤孝或类似事情时，怨叹说：“目眉毛，垫好看个（的）”。

（7）倈欸满间角，唔当丈夫一只脚。

传说，从前某地有一对夫妻，生了好几个男孩，生活虽艰苦，但总算将他们抚养成人了。孩子们长大后都成了家，也就各顾各了。这对夫妻逐渐老了，丈夫又因劳作时跌伤了一条腿，变成了跛子。老婆子病了，是大腿上生毒疮，行走不动，躺在床上呻吟叫苦。孩子们东一个西一个，都出了门，知道母亲病了也不回来看看，主要是怕自己回来要出钱医治母亲。三个媳妇虽在家里，但互相推托，不肯去服侍老母。大媳妇对弟媳们说：“平时，你们说长嫂当母，什么事都由我代了。这一回该由你们孝顺一下了。”二媳妇道：“俗语说，爷惜大，娭惜满（爷：父亲；惜：疼爱；娭：母亲；满：排行最小的），过去母亲最惜小弟，而今他不在家，正该由满嫂去服侍一下母亲，若我去，人家又说我争宠哩！”小媳妇一听忙道：“两位嫂嫂讲的都有理，不过，就按理说，我排行最小，若是我去服侍母亲，人家不又说我没大没小吗？”

她们的争论都给当“家官（公公）”的听在耳里，一切都明白了，气得一句话也说不出口，只好跛着脚自己去服侍老婆，比以前更加细心周到，老婆的病终于好了。做老母亲的知道那事后深有感触，逢人便说：“倈欸满间角（儿子满房间），唔当（比不上）丈夫一只脚！”

后来，客家人对那些子女多而不贤孝的，就说：“倈欸满间角，唔当丈夫一只脚！”意思是“孩子再多也没用，不如丈夫的一条腿。”

（8）天高不为高，人心更是高。

传说，从前有夫妻俩，日子虽过得清苦，但心地善良。一天，有个老叫花来这家讨饭吃，老夫妻见他可怜，虽然自家的还不够填饱肚子，但也舀了一大碗粥给那老叫花。老叫花端起粥，又讨菜吃，那老夫妻也没怨嫌，忙把仅剩的一点儿咸菜也给了他。那老叫花吃完后，放下碗又讨水喝。老夫妻说：“没开水，凉井水就有。”那老头说：“我最爱喝凉井水，常言道，人情好，食水甜，你带我自己去打吧！”老叫花来到井边，打一桶水喝了几口，从身上擦了一团汗垢，丢在井中就走了，也不说多谢。老叫花走后，老夫妻到井栏边看，闻到一阵酒香，打起一桶井水来，喝了一口，是好酒！再打一桶还是酒。老两口欢喜极了，知道自己遇到的老叫花是仙人。从此，老两口就靠卖酒过日，不愁吃穿。没一年工夫，便成了不大不小的财主。

第二年，那老叫花又来了，老两口知道他是仙人，便热情接待，招呼他吃了一顿像样的午饭。吃过饭，那仙人问主人道：“你们现在还缺什么呢？”老头正犹豫间，老婆子抢着说道：“恩公哟，多谢您把井水化为酒，这一年日子也好过多了，就是养猪没有槽，想请你帮帮忙!”那仙人一听，皱了皱眉头，叹了口气道：“天高不为高，人心更是高。井水化为酒，又嫌猪无槽!”

仙人边叹气边念着这句话走了。老两口赶出门来欲挽留他，可惜已不见人影。回到井边想打酒卖时，井中酒已经变回了水，一点儿酒味也没有了。从此再也没有酒可卖了。老两口虽然后悔自己不该贪心，但已经迟了。

后来人们就用“天高不为高，人心更是高”来讽刺那些贪心不足的人。

（9）傻个学唔精。

有个人很傻，一次老丈人家嫁孙女，请他去喝酒。老婆说：“人家做好事，你别乱说话，听别人怎么说你就怎么说。”他记住这话就上路了。

出门遇到一个渔人因起网无鱼在叹息：“一塘清水绿油油，可惜无鱼落网中。”又向前行，遇到一个人边过桥边念道：“双板桥好过，独木桥难行。”再往前去，遇到一个人对一个妇女说：“恭喜你好福气，一胎养了双生子。”接着遇见路人在劝一丧家：“莫哭了，人都死了，哭也哭不回来。”

到了丈人家，有人请他洗脸，脸盆里却不放面巾。他一看忙道：“一塘清水绿油油，可惜无鱼落网中。”家人忙拿面巾给他。开席时，他面前只有一支筷子，他又说：“双板桥好过，独木桥难行。”大家一听，都觉得这个人不傻，忙给他添了筷子。丈母娘心里高兴，上前劝酒。傻女婿想了想对丈母娘说：“恭喜你好福气，乳姑（牯）都是双生的。”一语未完，哄堂大笑。不久，新娘上轿，哭哭啼啼。傻子上前对新娘道：“莫哭了，人都死了，哭也哭不回来。”丈母娘火冒三丈，举手给他两巴掌：“真是傻个（的）学唔精（聪明）。”

惯用语“傻个学唔精”从此用开了。

（10）狗梗线，食唔掣。

据说，从前有个人，不太懂礼貌，每逢吃饭时，都抢好菜吃，十分“乱事（坏事）”。有一次，他跟老婆回娘家吃喜酒，老婆怕他在酒席上抢夹好菜吃，会当众出丑，便事先吩咐他：“吃饭时你用一条长线拴在脚趾上，另一头由我牵着，我拉一下线，你就挟一下菜，以免‘乱事’。”他答应了。吃饭时，他老婆跟他坐在对面，手里牵着线头，扯一下，他就夹一次菜，果然听话。不料过了片刻，线被桌下的狗缠上了，那狗把脚乱蹬，丈夫以为是老婆用手扯动的，便乱夹起菜来；狗脚越蹬越急，他便越夹越快，把一席的客人都看呆了。他老婆忙把手里的线头放开，丈夫便再也不敢夹菜了。席散后，丈夫问老婆："你为什么把线丢了？"老婆好气又好笑道："你真呆！刚才是狗梗（音'径'，去声，意为'绊'）线，你都食唔掣（吃不及）了！"

后来，人们就用"狗梗线，食唔掣"来嘲笑那些在酒席上不注意文明礼貌的人，也用它来形容事情多而忙乱，应接不暇。

（11）面熟熟个，去肉三斤。

从前，有个人虽然读过点儿书，识得几个字，但做事挺马虎的。有一回，他给一个卖猪肉的老板当伙计。一天，正好老板有事离开猪肉摊，由这个伙计一手包卖包记账。有个顾客来买三斤肉，要求赊账。伙计说："那好吧，下一墟再拿钱来。"那顾客便拿着猪肉走了。这伙计闲了手要来记账，这时才想起没问那个赊账人的姓名，心想，这个人面熟熟的，于是就在账本上记下"面熟熟个（的），去肉三斤"。老板回来后，一看账本上有这条写法，忙问伙计："你这是什么意思？"伙计忙解释，老板一听，真是好气又好笑，对他说："咳！你怎么能连姓名都不问，就赊账给人家呢！这墟市头上，面熟熟的人到处都是，你找谁讨账去！"于是，老板便解雇了这个伙计。

"面熟熟个，去肉三斤"这句话从此流传下来，人们常用它来笑那些办事没真本事或做事马虎的人。

（12）卖笠嫲，顶打顶。

传说，旧时有个卖笠嫲（竹笠）的人，他爸爸交带（交代）"一顶卖一块钱"。他便记住了"一顶一块，一块一顶"。有一天，有个人来买，说要买五顶。他说，好，便先递过去一顶，要买者给一块钱。买者说："我一下买五顶，给你五块吧？"他说："不行，我阿爸交带，卖一顶捡（捡：收钱）一块，一顶一顶来！"闻者无不大笑。他正经地说："我卖笠嫲就是顶打顶（顶打顶：一顶一顶）的，你们笑什么！"

"卖笠嫲，顶打顶"就是由此产生。客家人常用它来讥笑那些办事死板的人。

（13）拉差袋。

从前有个人，做什么事都马马虎虎，丢三落四，常常笑话百出。有一回要去墟上买米，他老婆怕他马虎，隔夜就把米袋放好在梯梗上，以免他明早到处翻。第二天一早他出门，记得老婆的交代，便随手在梯梗上一拉，把东西搭在肩上就出了门。到了墟市上，天已大亮，他到米行上买米，讲好价钱数目，就要量米，卖主问："你的袋呢？"他一边回答一边从肩上拿下"袋"装米："在这里！"卖主一看大笑："老兄，你这袋怎么有两个袋嘴的？"他一看：嗨，原来是老婆的裤子。忙道："系拉差袋（拉差袋：拿错袋子）欸！"

从此，客家人对那些办事不认真的人，就劝他说，"你要留心，莫拉差袋"。

（14）叶伯姆个鸡欸——晓去晓转。

从前，客家某地有个叶伯姆（娑），养了十多只鸡。每晚关鸡她都要点数，指着鸡说："你同它一对，你同它一双，双双对对多一只！"邻居们听了好笑，第二天故意把她的鸡藏起一只。晚上叶伯姆点鸡时发觉少了那个"单"只的。第三天，邻居又把她的鸡藏起一只，到了晚上，叶伯姆再点鸡，正好又是"双双对对多一只"。于是，她欢喜得逢人便说："我养的鸡真精（精：很聪明），晓（晓：知道）去晓转！"

歇后语"叶伯姆个鸡欸——晓去晓转"由此产生了。

（15）晓话人，差过人。

从前，某地有个家娘（婆婆），自己做事很笨，却对媳妇诸多挑剔。媳妇敢怒而不敢言。

有一日，家娘在补被单（被套），却叫媳妇去挑猪栏粪（猪圈里的杂草、猪粪）。媳妇走后，她一头钻进被单内缝针线，被单缝好了，自己却被裹在被单内。媳妇挑完粪回来问道："阿妈，粪挑完了，还要做什么？"她一听就骂："你真是死佬！要做什么还要问我?!"她想出来又出不来。媳妇一看，家娘还包在被单里，不禁笑出声来。家娘发火了，骂道："还笑哩，等我出来，看不打死你！"媳妇顶撞道："哼！还说我笨呢！自己晓话人，差过人！有本事看你怎么出来?!"家娘无话可说。

后来，客家人便用"晓话人，差过人"来讽刺那些自己愚蠢却偏要挑剔别人的人。

（16）捡到一条腰带，了撇一个身家。

从前，某地有个农民，勤俭持家，日子过得也还算宽裕。有一次，他在半路上拾到一条做官人扎的腰带，便试着在身上扎起来，自觉神气。但一想，似乎还缺少点什么，于是卖物变钱，购置了一套官服。官服穿在身上，觉得还不像个“官”样，便又变卖家私，买马配鞍。他骑着高头大马，又觉得做官的不能那么寒酸。于是讲究吃穿，挥霍无度。没过多久，他便把几十年积蓄全花光，变成了个穷光蛋。他悔之不及，叹道：“哎，捡到一条腰带，了撇一个身家（家业）！”

从此，客家人对那些因贪慕虚荣而遭难的人，就说他是“捡到一条腰带，了撇一个身家”或说“因为腰带了身家”。

（17）讲得三国来，豆腐烧撇一镬。

传说，某地有个“三国迷”，最喜讲三国故事，一提起三国，他就不顾一切。此人是做豆腐的。有一次，一个朋友来闲坐，谈起三国的事，引起一场争论。那个朋友说，“火烧赤壁”时，曹操是带八十二万兵马下江南的。但他不同意，说曹操带的是八十三万兵马。因为，曹操在进军途中，叫曹洪带了一万去赤壁后面埋伏，总数应该是八十三万才对。那个朋友却坚持说：“总之到了赤壁的才八十二万。”两人争得面红耳赤，谁也不服谁。其时，他正在煮豆腐，因争论三国问题，忘了看火。他老婆闻到豆腐烧焦的气味，赶快跑来对丈夫说：“咳，老鬼，还吵什么哩，你闻闻，什么味道？讲得三国来，豆腐都烧撇一镬（撇：完，了；镬：锅）！”他一听不以为然地斥道：“咳，一镬豆腐算得什么，我这里人马都差了万打万，你赔得起么?!”

从此，客家人讥笑那些只务空谈，不顾实际的人，就常说“讲得三国来，豆腐烧撇一镬”。

（18）风吹灰卵壳，财去人安乐。

传说，从前有一个贫穷吝啬的人，有一次出门时，乘船而往，要行三四日水路。为了省钱，他便自备食用，只带了一个“熟灰卵（咸蛋）”做菜。三天过去了，他还没有把灰卵吃完。这天，他坐在船头吃饭，又拿出那只灰卵，没想到一不小心，卵壳被风吹落河里。他感到非常惋惜，只好望着卵壳兴叹：“唉，风吹灰卵壳，财去人安乐！”聊以自慰。

他的吝啬之举，被传为笑谈。不过，“风吹灰卵壳，财去人安乐”这句话却流传下来，客家人按“退财折灾”来理解，遇到财物损失的时候，还可借此来自我安慰。

（19）人话蛇，窸嗦蛇。

从前有几个人晚上在门口乘凉、谈笑，月光朦亮，便没再点灯火。正谈笑间，有个人起身去“小解（小便）”，忽然觉得脚下绊着一条又冷又滑的东西，便惊叫一声：“哎哟，蛇哥（蛇）！”侧面一个人，连忙跳起来也惊叫道：“是蛇哥，刚才我还听到‘窸嗦’声（窸嗦声，蛇游动时发出的响声）！”又一个人随声附和，添油加醋地说：“这里是有蛇的，前天三伯婆还说，她的小鸡被蛇哥吃了呢！”于是，大家慌作一团，都怕踩着蛇被咬了。有个人却一声不说，起身去点了一盏灯来，在现场一照，哪里有什么蛇的影迹，只是一条井桶绳索，又湿又滑。刚才的一场虚惊烟消云散。那个说踩了蛇的人很不好意思。而那些随声附和的人，却说起了风凉话。这个说：“咳，我说‘窸嗦’声，是吓你的，这大门口哪里会有蛇呢！”那个则说：“三伯婆的小鸡是给鹞婆（老鹰）叼去的吧，她说是被蛇哥食了，我是想，也有可能吧，其实也没亲眼见到的。”那个去点灯火的人一听感到好笑极了，便对他们说：“你们呀，习惯随声附和，人话蛇，你就话窸嗦蛇；难怪上街喊打老鼠，下街就喊打了一条大老虎！都像你们这样，还有什么是非可分，还像什么世道！”说得那些人羞得不敢出声。

从此，客家人见到那些凡事不作调查研究便随声附和的人时，就说他“人话蛇，窸嗦蛇”。

（20）才女配才郎，猪肝搭粉肠。

从前乡下有个姑娘，长得不错，也有点文墨，想找个有点文墨的人做丈夫。征得父母同意后，她提出要对对子（联语），对得上、对得巧的，她就愿意嫁给他。消息一传开，远近后生（年轻人）们纷纷登门求对，但都不合她意。

有一天，一个卖猪肉的后生仔上门求婚，姑娘说：“不管你是什么人，能对得上我出的对子再说话。”那个后生说：“好，你就把对子说出来吧！我若对不上，一担猪肉送给你！”姑娘道：“莫怕猪肉无人买，只怕对子对不出，先对对吧”！于是，她就出了个上联道：“才女配才郎。”那卖猪肉的后生不假思索地马上接口对道：“猪肝搭粉肠！”

姑娘一听，想笑又忍住，忙又出了一句上联“才女不配死乌龟”来有意影射他，他又马上对道：“猪头正好搭猪尾！”这一下姑娘忍不住笑了。这门婚事也就这样定了。事情传开后，人们都在议论：“真是才女配才郎，猪肝搭粉肠，三句半话，不离本行！”

惯用语“才女配才郎，猪肝搭粉肠”就是由此而来。

（21）莫嫌衫长，爱嫌背寒。

从前有个人，相貌长得不错，但由于先天残疾，胸突而背驼，要做衫（衣服）时，往往就难住了裁缝师傅，阔狭还好办，长短确难裁，只好大体合身，后襟防长些便是了。但这位老兄却爱挑剔，新衫一上身，一时嫌长，一时怨短。于是去找裁缝师傅论理，要他修改。师傅说：“你别急，先着起来看看。”他穿起新衫，硬挺着胸，说道：“师傅，你看，是不是后襟长了些？”师傅道：“不会的，不信你走几步我看看。”他便走了一段路。他一走路时，背是驼着的，后襟也就不显得长了。他自己又看又摸，觉得合身，但也觉得怪，便问师傅：“你做的衫怎么随时会变样的？”师傅老实对他说：“老兄，你自己要明白，莫嫌衫长，爱嫌背寒哪！”那老兄一听此话，才醒悟过来，原来是自己身上的问题。

后来，客家人对那些出了问题不检查自身，只怨别人的人，就劝他道：“你莫嫌衫长，爱嫌背寒。”

（22）阿六伯个手路——惯欸。

据说，阿六伯是个厨师，手艺虽好，却有个贪小便宜的劣习，不论到哪家掌厨，都要先将上等好肉切开一块，偷偷带回自己家中。有一次，他老婆从墟上割回一斤猪肉，叫阿六伯去煮来老两口吃。阿六伯拿过猪肉便切开一块，藏进衣袋里。老婆看了提醒他说：“这是自家的猪肉呀……”阿六伯恍然大悟道：“哎呀，我是手路惯欸（手路：做事的方式、程序；惯欸：习惯了）！”

客家人由此创造了一句歇后语“阿六伯个手路——惯欸”。

（23）太子菩萨，年年十八。

明朝末年，梅县松口有个李二何，大名叫李士淳，翰林出身，当时在朝廷中当东宫侍读，就是教皇帝的儿子读书。那时正值李自成造反，攻破了北京城，兵荒马乱，文武官员仓皇逃难。这时李二何便带着一个皇太子，偷偷逃离皇宫，回到梅县老家避难。据说出逃之日正是农历三月十八。第二天，即三月十九，崇祯皇帝被逼得在北京城煤山上的歪颈树上上吊自尽了。李二何本想带皇太子回梅县暂时避难，等待时机东山再起的，没想到明朝灭亡了，大势已去。于是，他让皇太子改名换姓，并把他带到灵光寺去做了和尚，皇太子最后病死于灵光寺。后人为纪念他，便用檀木雕刻了他的像，供奉起来，因为他是皇太子，故名为“太子菩萨”，又因他是农历三月十八随李二何逃离皇宫的，便在每年农历三月十八把他抬出来游乡。

因为这尊太子菩萨很小，只有尺来高，像个小孩子。年年三月十八抬出来，都还是这么大、这么高，一点儿也不见长大。为此，客家人把那些顽皮慢长的小孩，称为“太子菩萨，年年十八”。对那些办事墨守成规，一成不变的人，也称为“太子菩萨，年年十八”。

（24）六十六，学唔足。

从前有个老伯，年已六十六，自称从来没有上过别人的当。

一日，他抱着小孙子赴墟（赶集），走到一个酒店前，忽然碰上一个后生（年轻人）对他喊道：“哎呀，老姐公（外祖父）好久不见！”老伯举目细认，觉得此人似熟非熟。正犹豫间，那人又笑道：“不认得我啦？你叔伯侄女的满女（最小的女儿），就是我阿叔的外甥的老婆哩，算起来，我还要叫你姐公呢！”老伯一想，忙道：“对对对。”那人更加热情道：“正好我今天卖猪，我俩就此同醉两杯吧！”那后生把老伯拉入酒店，要了好酒好肉，对饮起来。酒肉将尽，那后生忽然想起什么，从老伯手中接过孩子说：“哎呀，我真没礼貌，让老人家抱孩子。”对饮了半杯，他偷偷捏了孩子一下，孩子哇地大哭起来。那后生说要到前边买个布娃娃给他玩。谁知这一去到散墟（散集）了还不见回来。老伯无奈，只好掏空腰包还了酒钱，再到处去找孙子。他走到一家肉铺前，见孙子正在里面玩耍，忙上前去抱。卖肉的小伙计把他拦住，说：“刚才你的儿子来割了三斤猪肉去，留下这孩子作抵押，至今还不见他拿钱来……”老人一听，叫苦不迭道：“真是六十六，学唔足，阿公较酒孙较肉（唔：不；阿公：爷爷；较：换）！”

从此，客家人常用“六十六，学唔足”来说明人要学无止境，活到老学到老，不能骄傲自满，倚老卖老。

（25）有牛唔知牛辛苦，无牛正知苦了牛。

从前有个财主，养了一头体壮力强的牛。财主靠着它耕田种地，年年都得到好收成，也正因此有了身家。

但那财主有了身家后，只一味享福，却忘了这身家是靠什么来的，对为他做起身家的牛，一点儿也不怜惜。牛拉的依旧是沉重的犁，吃的依旧是粗老的草；一旦不顺心意，他便无情鞭打老牛。终于，在一个寒冬里，牛倒下了。当财主再要它拖犁的时候，它已告别了尘世。财主只好无可奈何地嗟叹："唉，有牛唔知牛辛苦，无牛正知苦了牛（唔：不；正：才）！"

后来，客家人用这句话形容失去后才懂得要珍惜的人。

（26）有钱亲哥哥，无钱死病毛（音"摸"）。

从前，有一对夫妻，老公是个老实人，老婆却是个见钱亲的。老公有钱给她时，便每日亲哥长亲哥短地叫唤，端茶送水，殷勤侍候。一旦没钱，便马上换了一副嘴脸，动不动开口臭骂："嫁给你这个穷鬼，病毛绝代（詈语：'绝后'的意思）！"大家都说她是"有钱亲哥哥，无钱死病毛"，并用这句话来讽刺类似的女人。

（27）上夜三斤狗，下夜三伯公。

传说在清朝嘉应州的丙村（一说松口一带），有个人出身贫苦，母亲生下他时，他只有三斤九两重，因此，这"三斤九"便成了他的绰号。三斤九到了三十多岁才娶妻生了个独子。独子阿狗十三四岁时，三斤九对他说，在家只有一同饿死的下场，不如过番（下南洋）去闯一闯。孩子过番后，多年毫无音信。做母亲的日思夜想，愁起了病，无钱医治，不久就死了。三斤九孤苦伶仃，艰难度日，大家看不起他，故意把"三斤九"叫成"三斤狗"。有一年除夕，三斤九一无所有，只好向卖猪肉的赊了半斤猪肉，准备用来敬祖公（先祖、祖宗），谁知，猪肉刚煮熟，债主就上门来讨债，三斤九身无分文，连半斤猪肉也给债主抢走了，没法敬祖公，只好爬上床去睡觉。

半夜，恍惚中，忽听得敲门声，吓了一跳，仔细一问，才知道是过南洋的儿子回来了，赶快开门一看，孩子是孩子，但也不像个"番客"，身穿粗布衣衫，手拿一条竹杠。三斤九失望地道："阿狗，你没赚到钱怎么好回来！在家，人穷人欺负啊！"孩子神气地说："竹杠里全是花边（银元）。"三斤九忙道："我还没有办三牲，就用这些花边去敬祖公吧。”父子二人同到祖公厅去。大家一见他端出一大簸箩花边摆在桌上，态度马上变了，这个说：“三伯公，恭喜您！”那个道：“恭喜您，三伯公！”

后来，客家人就用“上夜三斤狗，下夜三伯公”来指人情冷暖、世态炎凉。

（28）有钱莫学三斤九。

且说三斤九由于儿子突然从南洋回来，一夜暴富，便对穷人产生了报复之心：对穷人薄情、苛刻；娶后妻，买婢女，雇长工，三餐大鱼大肉，吃不完就给狗吃，穷邻居有困难向他求借时，他也不给周济。这样一来，三斤九就惹恼了周围群众，被孤立了。人们更加不尊敬他，暗地里依旧叫他“三斤狗”。他总以为自己能永远富裕，不必求人。谁知，一天夜里，新建的屋子突然起火，偏偏那晚风很大。尽管三斤九敲锣呼救，但谁也不帮他救火。结果，整个大屋烧光了，一时神气十足的三斤九再次一贫如洗，后妻改嫁走了，儿子再也没有回来，只剩自己孤老一身，最终在贫病中死去。

后来，客家人对那些穷时被人看轻，富了又看轻别人的忘本者，会劝诫道：“有钱莫学三斤九。”

四　客家方言的语法

客家方言的语法有自己的特点，以下主要以梅县话为例（有例外时随文说明，需要标音时用国际音标标音，声调标调值），介绍客家方言比较有特色的语法特点。

（一）词法特点

1. 名词

客家方言名词比较有特色的语法特点有：

（1）指人的名词可加“阿”、“老”等前缀，如：阿哥、阿叔、阿芬、老弟、老妹、老叔；某些动物名词也可带前缀“老”，如：老虎、老鼠、老鸦、老蟹。指人和物的名词可加“欸”、“头”、“哥”、“公”、“牯”、“嫲”等后缀。

“欸”相当于普通话的“子”，如：日欸（日子）、星欸（星星）、金欸（金子）、狮欸（狮子）、鲤欸（鲤鱼）、鲫鱼欸（鲫鱼）、黄豆欸（黄豆）、松蕾欸（松果）、前日欸（前日）。

“头”常常用于无生物（器具）名词及时间名词之后，如：斧头（斧子）、镢头（锄头）、锁头（锁）、镬头（锅）、上昼头（上午）、夜晡头（晚上）、节日头（节日里）；或用于身体各部位名称后，如：膝头（膝盖）、肩头。一些动词也可以加后缀“头”，此时整个词就成了名词，如：食头、看头、做头。

“哥”主要用于指动物的名词，如：猴哥（猴子）、滑哥（鲶鱼）、蛇哥（蛇）、豹虎哥（蝇虎）、乌鹩哥（八哥）。

“公”、“牯”、“嫲”本是实词（或实语素），都指动物性别：

“公”多指禽类雄性，“牯”多指兽类雄性，“嫲”指雌性动物（多指已生育的动物）。它们都有不指动物性别的虚化用法，此时就成为后缀，如：手指公（大拇指）、沙公（粗沙粒，与细沙粒相对）、碗公（大碗，与普通碗相对）；刀嫲（大刀，如菜刀、砍柴刀）、索嫲（粗绳子）；腰牯（腰）、耳公（耳朵）、鼻公（鼻子）、猫公（猫）、蚁公（蚂蚁）；石头牯（大石头）、贼牯（贼）、花牯（好色者）、阿张牯（阿张）；舌嫲（人的舌头）、勺嫲（瓢）、笠嫲（斗笠）；虱嫲（虱子）、老举嫲（妓女）、膣嫲（姘妇）、阿英嫲（阿英）。可以看出，作为词缀的“公”、“牯”、“嫲”来自实词（或实语素），其义都来自指动物性别的本义，而且三字之间相互影响，同步引申，与古汉语中“阴”、“阳”的情况类似。

（2）名词一般不重叠，但有几种特殊情况。

①童语中单音名词可以重叠。例如：

牛牛（牛）　马马（马）　饭饭（饭）
灯灯（灯）　手手（手）　鞋鞋（鞋）
花花（花）　树树（树）　车车（车）

这些重叠形式成人在相互交流时不说，与儿童交流时才用。

②有部分并列式双音名词，可以重叠构成 AABB 式，表示数量多。例如：

屋屋舍舍　邻邻舍舍　亲亲戚戚　朋朋友友　头头牲牲（家畜）
罂罂钵钵　汤汤水水　鱼鱼肉肉　婆婆妈妈

名词 AABB 式的语法意义主要表示量的变化。与双音名词 AB 相比，强调数量的增加，如“亲戚”，可以是一个，也可以是多个，有不确定性；而“亲亲戚戚”则肯定指的是不止一个。说话人在表示不满情绪的时候也常用重叠式，但一般不用 AB 式，如：咹多脉个亲亲戚戚，烦死欸。（这么多亲戚，真烦人。）

有些双音名词不但可以构成 AABB 式的重叠形式，表示数量多，还可构成“无×无×”的形式，表示数量少或情况不好。例如大埔话：

朋友	朋朋友友	无朋无友
亲戚	亲亲戚戚	无亲无戚
情理	情情理理	无情无理
道理	道道理理	无道无理
规矩	规规矩矩	无规无矩
屋舍	屋屋舍舍	无屋无舍

③有些单音名词，可重叠为 AA 式，用在复合词中，组成状中结构的词。例如：

笔笔直：形容笔直的样子。
钉钉徛：形容僵硬直立的姿态。

这些形式的例子不多。此形式与普通话的“好好干”、“天天读”、“月月清”在形式上相同，但其本质各异。客家方言的 AAB 式是一个词，其语素“AA”这两个重叠的音节不能分开，也不能单用。普通话的“好好干”、“天天读”、“月月清”则是词组，“好好”、“天天”、“月月”分别是单音节词的重叠，它们可以分开单独使用。

（3）一部分单音名词，尤其是表示人或动物肌体各个组成部分或感官名称的一些名词，它们后面可带上重叠音节，构成 ABB（欸）式的固定结合形式。例如：

手强强（欸）：张着两手的样子，形容笨拙。
脚撑撑（欸）：站着不肯走或不愿做某事的样子。
眼横横（欸）：两眼怒目斜视，形容凶恶好斗的样子。
牙射射（欸）：形容牙齿外露的样子。
头奄奄（欸）：垂头丧气的样子。
头敖敖（欸）：歪着头的样子。
头頔頔（欸）：伸头探脑的样子。
翼犁犁（欸）：翅膀下垂的样子。
耳角角（欸）：两耳竖起，形容用心听的样子。
背拱拱（欸）：驼背的样子。

肚罗罗（欸）：大腹便便的样子。

这类词有个共同特点，即表现人、动物或现象处于某种情况，显露出某种状态，流露出某种神情或表现出某种模样。

2. 动词

客家方言动词比较有特色的语法特点有：

（1）客家方言许多单音节动词前面都可带上形容性或描写性的叠音成分（相当于副词性的叠音成分修饰动词），构成 BBA 式的固定组合单位。例如：

盦盦覆：指脸孔朝下躺着的样子。
邓邓昂：形容脸孔朝上躺的姿态。
横横□［$k^{h}ia^{11}$］：形容横着置放的样子或蛮不讲理的样子。
钉钉徛：形容僵硬直立的姿态。

这类 BBA 式已经转化为形容词，虽然整个词仍有动作的意义，但主要是表示一般状态，性质为状态形容词，如“覆”是伏下身子的动作，“盦盦覆”则是“脸孔朝下躺着的样子”。

（2）一般不能重叠。不过，也有以下几种特殊情况。

①两个同义（近义）或反义的单音动词，可以组成 AABB 式的重叠形式和“无 A 无 B”式。AABB 式表示次数多或动作的持续，“无 A 无 B”式表示次数少或没有出现这种情况。例如：

根问	根根问问	无根无问（“根”有“打听”的意思。）
荷担	荷荷担担	无荷无担
讲笑	讲讲笑笑	无讲无笑
行走	行行走走	无行无走
上下	上上下下	无上无下（“上”、“下”为动词，均读阴平。）
出入	出出入入	无出无入

不少两个同义或近义动词的组合，只有前一种形式而没有后一种形

式。如“摸”和“觅”都表示人闲暇在家，对家里物件、环境随便收拾摆弄，就只有“摸摸觅觅”的重叠形式，而没有“无摸无觅”的组合形式。

②少数单音动词能重叠成“AA 敆”式。例如：

射射敆：外露的样子。
嘟嘟敆：鼓起的样子。
拱拱敆：拱起的样子。

这种“AA 敆”式在性质上已经为形容词性，可作谓语，与前面的名词构成主谓关系；也可作定语，与后面的名词构成定中关系。例如：

牙齿射射敆：牙齿外露的样子。（主谓关系）
拱拱敆个屎窟：拱起的屁股。（定中关系）

这类“AA 敆”式可说明前面主语的性质、状态，也可修饰、限制后面的中心语。

大部分“AA 敆”式不能独立使用（即不能成词），实际上已经与前面的名词（类似词根）凝结在一起，变为一个类似词缀的成分。例如：

头探探敆：探出头张望的样子。
脚撑撑敆：站着不肯走或不愿做某事的样子。
目聚聚敆：眯着眼睛的样子。
眼望望敆：眼睁睁看着的样子。

从表达看，“AA 敆”式有以下两个作用：一是表示量或程度的变化。如“射射敆”比“射”的程度降低。二是增加形象性，使词语具有描摹性。

③少数单音动词有“A 死 A 绝”重叠式。例如：

惊死惊绝：害怕得要死。
笑死笑绝：笑得要死。

恼死恼绝：讨厌得要死。

“A 死 A 绝”式只表达贬义的感情色彩，表达不满情绪。

④少数单音动词有“A 瘍 A 绝”重叠式。例如：

想瘍想绝：非常想得到。
笑瘍笑绝：大笑不止。
兴瘍兴绝：非常高兴。
像瘍像绝：形状或形象等酷似。

⑤少数单音动词可重叠为 AAA’A’ 式。例如：

奋奋奋奋［fin^{11} fin^{11} fin^{53} fin^{53}］：指吊着东西在空中不停地摆动。
喂喂喂喂［vai^{44} vai^{44} vai^{53} vai^{53}］：指总在不停地叫喊。
溜溜溜溜［liu^{44} liu^{44} liu^{31} liu^{31}］：指游手好闲，到处乱逛。
喃喃喃喃［nam^{11} nam^{11} nam^{53} nam^{53}］：指唠唠叨叨。
叨叨叨叨［tau^{11} tau^{11} tau^{53} tau^{53}］：指唠唠叨叨。

动词 AAA’A’ 式重叠是以声调不同为条件的。它是由一个音节的两种不同声调的读音分别重叠构成，除了大部分是阳平重叠在前、去声重叠在后外，还有一部分是由阴平重叠在前、上声重叠在后构成的，如“喂喂喂喂”、“溜溜溜溜”。

动词 AAA’A’ 式重叠中，有部分 AA’ 能单用，如“哦哦”。动词重叠成 AAA’A’ 式后，获得了多量义，表示动作频繁延绵、反复多次地进行。动作性减弱，动作的状态性增强，从而获得动作状态的描写意义，使整个词增加了生动性和随意性。

动词 AAA’A’ 式重叠在句中可以作谓语。作谓语时，其后不能直接带宾语和补语。一般不作定语和补语，这一点也与形容词 AAA’A’ 式重叠不同。

⑥少数单音动词有“A 阿 A 欸”重叠形式。它是单音动词重叠的同时加入一个中缀“阿”和后缀“欸”构成。

有的“A 阿 A 欸”式表示动作不止一次地反复进行，也表示对这一反复动词有不耐烦、厌恶的感情色彩。例如：

光管暖阿暖欸：光管一闪一闪的。

风扇摇阿摇欸：风扇摇来摇去。

这类“A 阿 A 欸”式都是描写由动作反复而形成的状态的，更接近状态形容词。如“摇阿摇欸”是形容摇摇晃晃的样子。

语法功能上，这种重叠式常作谓语，作谓语时后面不能带宾语与补语；也可作补语，但需有标记补语的助词“去”；还可带“个”修饰名词性成分。

有的“A 阿 A 欸”式不是描写动作反复进行的状态，而是叙述动作进行到中途时又出现新情况的（所以一定要紧接着说出连动式的后半部分）。这种“A 阿 A 欸”式是动词性的，使用中用作连动式的前半部分，主要表示动作处于进行的途中（后半部分表示的是动作正进行间出现的情况）。例如：

行阿行欸唔知行阿奈欸去欸：走着走着不知走到哪里了。

𠊎愐阿愐欸觉得唔着：我想着想着觉得不对。

⑦少数单音动词可重叠为“AA 滚/跳”式，表示动作的连续，构成一种动作状态。其动作性弱，描写性强，功能上与状态形容词同，如“撇撇滚/跳（气冲冲的样子）”、“呱呱滚/跳（形容大吵大嚷的样子）”。详见下文形容词的语法特点。

（3）客家方言动词的后附成分包括“等”、“欸”、“撇”、“过”、“倒”。

“等”相当于普通话时态助词“着”，表示动作活动的进行或持续。例如：

食等饭：吃着饭。

拿等书：拿着书。

行等路：走着路。

大埔话用的是“紧”，它应是“等”的前身。

“欸”读音为［e^{11}］，相当于普通话表示完成的时态助词“了”。例如：

买欸三本书：买了三本书。
来欸三摆：来了三次。
食欸夜：吃了晚饭。

“撇”也相当于普通话表示完成的时态助词“了”。例如：

佢踢撇偃唔知几多欸：他踢了我不知道多少次。
偃寻撇你三四摆都寻唔到：我找了你三四次都找不到。
吂本书偃看撇三转：那本书我看了三遍。

时态助词“撇”从相当于“完”、“掉”、“去除”的意义较实在的“撇”［如“食撇饭（吃掉饭）”、“倒撇佢（倒掉它）”］虚化而来。

“过”与普通话表示动作活动的过去态或经历态的时态助词“过”相当。例如：

去过广州。
食过海参：吃过海参。

“倒”附在动词后面，表示动作、活动达到了目的或收到了效果。例如：

东西买倒欸：东西买到了。/买到了东西。
鸟欸打倒欸：鸟儿（被）打中了。
贼牯捉倒欸：贼（被）抓到了。

以上各句中的“倒”不同于“倒下”的“倒”。如果动词与“倒”之间加上助词“得”，则表示“可能”。如“东西买得倒”，意思是“东西能买到”；“贼牯捉得倒”，意思是“贼能（被）抓到”。

3. 形容词

客家方言形容词比较有特色的语法特点有：

（1）带前加成分的形容词十分丰富。分为两种：一为单音前加，即 BA 式；另一为叠音前加，即 BBA 式。以梅县话为例。

①BA 式：蚬白（苍白）、入软（很软）、滑淡（很淡）、呖滚（很烫）、□［fit^{5}］靓（很靓）。BA 式中的 B，有“很”、“极”的意思，表示程度很深。虽是形容词前的附加成分，但它不同于一般的副词。

②BBA 式：分为两类。第一类是：蚬蚬白、入入软、滑滑淡；第二类是：横横□［$k^{h}ia^{11}$］（形容横着置放的样子或蛮不讲理的样子）、钉钉徛（形容僵硬直立的姿态）、盦盦覆（形容脸孔朝下躺着的样子）。（参见上文“动词”部分）

（2）带后附加成分的形容词也很多，例如梅县话，可分为两类。

①“AA 滚/跳”式。

第一小类：A 源于动词，重叠加“滚”后构成形容词。例如：

撤撤滚/跳：形容气冲冲的样子。

奋奋滚/跳：形容手急速摆动的样子。

□［sot^{5}］□［sot^{5}］滚/跳：形容急速的样子，多指风灌进或书写等。

第二小类：A 源于拟声词。例如：

□［ho^{53}］□［ho^{53}］滚：形容水流声。

贡贡滚：形容雷声、炮声等很响的声音。

术术滚：形容吸鼻涕的声音。

借借滚：形容水或油在热锅里发出的声响。

②“ABB 敍”式。

第一小类：A 源于形容词。例如：

薄业业敍：很薄的样子。

青贡贡欸：颜色很青的样子。
暗摸摸欸：光线很暗的样子。
饱驼驼欸：吃得很饱的样子。

第二小类：A 源于名词，B 源于动词重叠（参见上文“动词”部分）。例如：

手强强欸：张着两手的样子，形容笨拙。
脚撑撑欸：站着不肯走或不愿做某事的样子。
牙射射欸：形容牙齿外露的样子。
翼犁犁欸：翅膀下垂的样子。

第三小类：A 源于动词。例如：

叫愿愿欸：哭丧着脸的样子。
死犁犁欸：半死不活的样子。
惊啰啰欸：担惊受怕的样子。

这里的“欸”是词缀，因为它跟 ABB 结合得很紧密，离开“欸”，ABB 在任何语法位置都不成立。

需要说明的是，普通话里一些单音形容词也有 ABB 式，如“软绵绵”、“冷冰冰”、“阴森森”等，但普通话的 ABB 一般不能转换为 BA，而客家方言的 ABB 则可转换为 BA。

（3）单音节形容词还有“A 瘍 A 绝”和“A 死 A 绝”的重叠式。例如：

精瘍精绝：形容极为精灵，多用来形容小孩聪明、机灵。
好瘍好绝：形容极为要好。
嫩瘍嫩绝：形容人年轻漂亮或形容蔬菜、水果鲜嫩。
坏瘍坏绝：形容小孩聪明、精灵；指品质恶劣的人。
懒瘍懒绝：形容极为懒惰者。
恶瘍恶绝：指异常凶恶者的言行。

这是一种表示程度极高的格式，“瘸”是古语词，《集韵》：“瘸，秃也。”客家方言称器物使用日久而逐渐销蚀为“瘸”，又有俗语“瘸毛绝代”，其中“瘸”与“绝”义近，有断绝的意思。能够形成这类形式的形容词大都是一些不太好的字眼，如“旧、丑、懒”等，即使是一些有褒义色彩的词，进入这种格式后大部分也是表示不太满意的。如在梅县话中，“精”是褒义词，形容人聪明；“精瘸精绝”则表示太过精灵了，有一种不满的情绪。

“A 瘸 A 绝”式词语，几乎都可用“A 死 A 绝”式替代，且其强调程度更深，表示的不满情绪更强。如“穷瘸穷绝”、“热瘸热绝”可换成“穷死穷绝”、“热死热绝”，其“穷”、“热”的程度更深，不满情绪更强。但为避不祥之字眼，方言中习惯多用“A 瘸 A 绝”式。

（4）双音形容词，可以构成 AABB 的重叠形式。例如：

爽利	爽爽利利	清闲	清清闲闲
爽脱	爽爽脱脱	虐削	虐虐削削
分醒	分分醒醒	闹热	闹闹热热
排场	排排场场	顺溜	顺顺溜溜
安乐	安安乐乐	清楚	清清楚楚

（5）有 AAA'A' 式状态形容词。它是一个音节两种声调的读音分别重叠，这与普通话明显有别。例如：

岩岩岩岩［ŋam^{11} ŋam^{11} ŋam^{53} ŋam^{53}］：形容啰啰唆唆不停地讲话。

邦邦邦邦［paŋ^{11} paŋ^{11} paŋ^{53} paŋ^{53}］：形容财雄势大或声势喧嚣的样子。

扭扭扭扭［ŋiu^{11} ŋiu^{11} ŋiu^{53} ŋiu^{53}］：形容做事拖拖拉拉。

洋洋洋洋［ioŋ^{11} ioŋ^{11} ioŋ^{53} iaŋ^{53}］：形容到处都是水的样子。

从语音上看，AAA'A' 式状态形容词以声调不同为条件，由一个音节的两种不同声调的读音分别重叠所构成，而且大多数都表现为“前为阳平，后为去声”。从意义上看，这种状态形容词，后重叠部分 A'A' 似乎表现的意义比较明显，像是语义重心所在；而前重叠部分 AA，似乎语义不明显，主要是起加深程度的作用。AA’有些能单用，有些不能，如上例中的“岩岩［ŋam^{11} ŋam^{53}］”、“邦邦［paŋ^{11} paŋ^{53}］”、“扭扭［ŋiu^{11} ŋiu^{53}］”能单用，基本意思不变。“洋洋”则不能。

AAA’A’式口语性非常强，具有“随意性”与“非正式性”，同时大都具有鲜明性和形象性，在句中可以作谓语、定语和补语。

（6）有少量“A 打 A”重叠形式，如“实打实（很实在）”、“硬打硬（很强硬、很坚强）”，其中的“打”是词缀。

4. 代词

代词有人称代词、指示代词和疑问代词。客家方言的人称代词和指示代词比较有方言特色。

（1）人称代词。

客家方言的人称代词较有特色，其所用的词语或词语的读音与普通话不太一样，第一人称为“ 偓”（梅县音［ŋai^{11}］），第二人称为“你”，第三人称为“佢”。由于客家方言的第一人称代词用“ 偓”听起来较为特别，与其他方言的发音相差较远，所以有的地方称客家方言为“ 偓话”。

第一、第二、第三人称代词在句中可作主语、宾语和定语。在作定语时，要在代词和被修饰成分之间加上“个”（相当于普通话助词“的”），如“ 偓个书”（我的书）。

复数的表示方法与普通话不一样，梅县话加“丁人［ten^{44} ŋin^{11}］”（“丁”的本字为“等”）、“兜人”、“兜”，其“我们”、“你们”、“他们”的说法如下：

	丁人	兜人	兜
我们	偓丁人	偓兜人	偓兜
你们	你丁人	你兜人	你兜
他们	佢丁人	佢兜人	佢兜

平远、蕉岭加“丁人”，兴宁、五华、大埔、丰顺加“兜人”，具体如下：

	平远	蕉岭	兴宁	五华	大埔	丰顺
我们	偃丁人	偃丁人	偃兜人	偃兜人	偃兜人	偃兜人
你们	你丁人	你丁人	你兜人	你兜人	你兜人	你兜人
他们	佢丁人	佢丁人	佢兜人	佢兜人	佢兜人	佢兜人

就梅县话、大埔话、五华话来说，人称代词在领格上有“格”的变化，例如梅县话中，“我的”说“□［ŋa^{44}］”或“□［ŋa^{44}］个”，“你的”说“□［ŋie^{44}/ŋia^{44}］”或“□［ŋia^{44}］个”，“他的”说“□［kie^{44}/kia^{44}］”或“□［kie^{44}/kia^{44}］个”。又如大埔话，“我的”说“□［ŋa^{44}］”或“□［ŋa^{44}］个”，“你的”说“□［hɛ^{44}］”或“□［hɛ^{44}］个”，“他的”说成“□［kiɛ^{44}］”或“□［kiɛ^{44}］个”。

在一般情况下，“偃”、“你”、“佢”表示领有关系时，一定要在后面加“个”（相当于普通话助词“的”）。例如：

第一人称	偃个书（我的书）	□［ŋa^{44}］书（我的书）
第二人称	你个书（你的书）	□［ŋie^{44}/ŋia^{44}］书（你的书）
第三人称	佢个书（他的书）	□［kie^{44}/kia^{44}］书（他的书）

表示领格形式的“□［ŋa^{44}］”、“□［ŋie^{44}/ŋia^{44}）”、“□［kie^{44}/kia^{44}］”在句中常常作定语，也可作主语，但不能作宾语。当它们作主语时，相当于普通话的“的”字结构作主语。如“□［ŋie^{44}/ŋia^{44}］较好，□［ŋa^{44}］唔好（你的较好，我的不好）”。

值得注意的是，大埔话第一人称有排除式和包括式之分，排除式是“偃［ŋai^{24}］（我）”、“偃［ŋai^{24}］兜人（我们）”，包括式是“□［ɛn^{44}］（我）”、“□［ɛn^{44}］兜人（我们）”。另外，大埔话第二人称不说“你”，而说“□［hen^{24}］”（“你们”则说“□［hen^{24}］兜人”，“□［hen^{24}］”本字应是“贤”）。

（2）指示代词。

指示代词一般分近指和远指两种。梅县话中，表近指的指示代词是“解［ke^{31}/e^{31}］”，表远指的指示代词是“个［ke^{53}/e^{53}］”。前者相当于普通话的“这”，后者相当于普通话的“那”。“解”和“个”最常见的用法是同量词短语或数量短语组成修饰名词，如“解只狗（这条狗）”、“个只狗（那条狗）”。与普通话“这”、“那”有点不同，客家方言“解”、“个”一般不直接修饰名词，如不说“解笔”、“个牛”，但可以修饰处所名词和时间名词，如可说“解学堂下（这学校）”、“个年（那年）”。

“解”、“个”可以代替人和事物，常用作主语，也可以作宾语，一般限于“解”、“个”对举或有下文时。

“解”、“个”组成的代词还有：解兜（这些）/个兜（那些），解滴（这些）/个滴（那些）。“解兜”、“个兜”放在名词前，起指示作用，作定语；也可代替名词，作主语、宾语。“解滴”、“个滴”指代数量较小的事物，其用法也是放在名词前作定语，起指示作用，作主语、宾语时则有代替的用法。

值得注意的是，大埔话的指示代词有两个重要特点：①近指和远指都分为相应的两套（类似单数和复数的配套），其中一套是通过韵母和声调的变化来表示的。②在表示远指的指示代词中又分为两套，一套远指表示该处离说话人较近，可称为“准远指”；另一套则表示该处离说话人较远，可称为“远指”。例如：

近指	[li^{31}]（这）	[lia^{44}]（这个、这种、这样、这些）
准远指	[kai^{24}]（那）	[ka^{44}]（那个、那种、那样、那些）
远指	[kun^{24}]（那）	[kua^{44}]（那个、那种、那样、那些）

5. 数词

数词常与量词组成数量词组修饰名词，如：一个人、两斤肉；也可与动量词组合放在动词后面表示动作的数量，如：来三过、去三摆。

客家方言的数量词组有一些较特殊的表现。例如梅县话：

（1）“一＋量词＋数词”这一形式中，前面的数词“一”可省略，构成“量词＋数词”形式；当后面的那个数词为“五”时，此省略式又可用“量词＋半”表示。一般用于这一形式的量词都是丈量物体的尺寸、价钱、重量、高度等的单音节的词，如：丈、块、角、斤、米、亩等。详见下文量词的语法特点。

（2）“论/成＋数词＋量词＋名词”这一形式表示约数。“成”没有强调意义，“论”有强调多的意义，两者都表示约数，即偏向于指整数以内的不足数，常加在“十、百、千、万、十万、百万、千万、亿”等数词前头。详见下文量词的语法特点。

(3) 部分纯数词短语也有省略形式，如：千一（一千一百）、千二（一千二百）。

(4) 位数中可以加中缀“打”，构成“A 打 A”式，表示数量大，如：千打千、万打万。

6. 量词

和普通话相同，客家方言的量词可分为物量词和动量词两类。其表现如下（参见张冬玲的《梅县畲江方言量词初探》）：

(1) 物量词。

①专用的物量词。专用的物量词有三种类型：客家方言与普通话词形和用法相同的量词；客家方言与普通话词形相同而用法不完全相同的量词；客家方言特有的量词。

客家方言与普通话词形相同而用法不完全相同的量词及客家方言特有的量词主要有以下这些。

只（个、根、颗、块、把）：a. 用于人和某些动物，如“一只人”。b. 用于圆形的物体，如“一只星星”、“一只脑袋”。c. 用于没有专用量词的名词（有些名词除了用专用量词外，也能用“只”），如“一只理想”、“两只星期”。

皮（扇、堵、片）：a. 用于计量房门、窗门和墙，如“两皮门（两扇门）”、“一皮墙（一堵墙）”。b. 用于计量蔬菜叶子、树叶等呈片状的物体，如“三皮菜叶（三片菜叶）”、“一皮树叶（一片树叶）”。

丘（块）：用于计量田地，如“一丘水田（一块水田）”。

条（棵、头、根、首）：a. 用于计量树木，如“一条龙眼树（一棵桂圆树）”、“一条树（一棵树）”。b. 用于计量动物，如一条猪（一头猪）。c. 用于长形的东西和细长的东西，如“一条头发（一根头发）”、“一条眉毛（一根眉毛）”。d. 用于歌曲，如“一条山歌（一首山歌）”。

架（辆、台）：用于计量交通工具、机器或家电用品，如“一架汽车（一辆汽车）”、“一架电视机（一台电视机）”、“一架风扇（一台风扇）”。

番（床、张）：用于计量被子、席子、蚊帐等床上用品，如“两番被（两床被子）”、“一番蚊帐（一床蚊帐）”、“三番席（三张席子）”。

张（把）：用于计量刀、镢头之类的工具；桌子、椅子之类的木制家具；纸张和嘴。如“一张刀（一把刀）”、“一张钁锄（一把锄头）”。

饼（块）：用于计量饼状物品（主要是食品），如“两饼面（两块面）”。

结（捆、小捆）：用于计量成束的线状物，如“两结粉丝（两捆粉丝）”、“两结咸菜（两小捆咸菜）”。

搲（把、抓）：用于计量颗粒、粉状物品，伸开手掌抓一把称为“一搲（一把）”，如“一搲沙子（一把沙子）”、“一搲泥（一把泥）”。

荚（颗、粒）：用于计量有外壳包着的豆类，如“两荚番豆（两颗花生）”。

孔（瓣）：用于计量柚子、柑、蒜头等掰开之后的单位数量，如“两孔柚子（两瓣柚子）”。

敛［liam^{53}］（片、块）：计量片状、块状的物品，如“一敛杨桃（一片杨桃）”、“四敛西瓜（四块西瓜）”。敛，《广韵》上声良冉切，又去声力验切。

主（宗、笔）：用于计量交易，如“三主生理（三宗生意）”、“一主买卖（一笔交易）”。

欠$^{=}$：计量长短，表示张开的大拇指和食指两端间的距离，相当于北京话的“虎口”，如“这张桌子长八欠$^{=}$，宽四欠$^{=}$”。

线$^{=}$（块）：用于成片的东西（菜肴中的肉食），如“两线$^{=}$肉（两块肉）”。

阵（帮、群、伙）：计量人。表示人多，前面常加“一大”，如“一大阵人（一大群人）”。

部：用于书籍、影片等，如“一部书（一套书）”、“三部电影”。

扎：用于菜等，如“一扎菜”。

刀：计算纸张的单位，通常一百张为“一刀”，如“一刀纸”。

身（套）：用于衣服，如“着一身新衫（穿一套新衣服）”。

厢：用于块状的菜地等，如“一厢菜地（一块菜地）”。

想⁼（节、根）：用于计算甘蔗之类的长条状物品，如“几想⁼蔗（几节甘蔗）”。

②借用的物量词。借用的物量词是指借用器物名称作量词，如“一碗饭”、“一桶水”、“一缸水”、“一箩谷”、“一杯茶”、“一箱书”等。

（2）动量词。

动量词比较少，常见的专用动量词有：

到（次、回、遍）：表示次数，计算可以重复出现的动作，如鸡啼三到天就光（鸡叫了三遍天就亮了）”。

转（遍、圈、回、趟、次）：表示次数，计量可以重复出现的动作，用法跟“到”的用法基本相同，如“佢要跑两转（我要跑两次）”。

摆（次、回）：表示次数，用于计量可以重复出现的动作，用法跟“到”、“转”的用法基本相同，如“北京佢去过两摆（北京我去过两次）”。

过（次、回）：表示次数，用于计量动作次数，如“去欸三过（去了三次）”。

借用的动量词有“踢一脚”、“打三拳”等。

客家方言的量词用法有的与普通话相同，此不赘述。有的与普通话有点不同甚至完全不同，例如梅县话的量词就有四个特点。

第一，数词与量词的结合有多种表现。

①“一＋量词＋数词”形式中，前面的数词“一”可省略；当后面的数词为“五”时，又可用“量词＋半”表示。用于这一形式的量词一般是计量物体的尺寸、重量、面积、价钱等单音节的词。例如：

青菜块三钱一斤。（青菜一元三角一斤。“块三”即“一元三角”。）

佢屋家有水田亩半。（他们家有一亩半水田。“亩半”即“一亩半”。）

在客家方言中，有“量词+半”和“半+量词”两种形式，它们表示的意思完全不一样。例如：

𠊎上街剪欸丈半布。（我上街买了一丈五尺布。）
𠊎只看完半场球赛。（我只看完半场球赛。）

普通话中只有“半+量词”的形式而没有“量词+半”的形式。

②“否定词+半+量词+名词”的形式表示不存在任何数量，表达出“没有”、“无”等意思，有强调、夸张意味。例如：

𠊎到教室时还无半只人。（我到教室时还没有一个人。）

“否定词+量词+名词”也表示这个意思。例如：

书包里无本书。（书包里没有一本书。）

③“论/成+数词+量词+名词”这一形式表示约数。例如：

老李种沙田柚，年年收入论万块钱。（老李种沙田柚，每年都有约一万块钱的收入。“论万块钱”即“约一万元”。）

老张养欸成千只鸡。（老张养了约一千只鸡。“成千只”即“约一千只”。）

如果数量超过某个数量范围，就用“论/成+数词+过+量词+名词”或“数词+过+量词+名词”形式表示。例如：

老李种沙田柚，年年收入论万过块钱。（老李种沙田柚，每年都有一万多块钱的收入。其中“论万过块钱”即“一万多块钱”。）

老张养欸千过只鸡。（老张养了一千多只鸡。其中“千过只”即“一千多只”。）

④有“数词＋把＋量词＋名词”这一形式，表示约数，与“论/成＋数词＋量词＋名词”这一形式的表义相同。例如：

千把个人。（一千人左右，也可说“论千个人”。）
万把块钱。（一万块钱左右，也可说“论万块钱”。）

第二，有“量词＋打＋量词”的形式。

“量词＋打＋量词”（“打”是词缀）表示的意思是“一＋量词＋又＋一＋量词＋名词”，形容数量很多，不是确数。例如：

年打年时间。（一年又一年时间，即“好多年时间”。）
日打日时间。（一日又一日，即“好多天时间”。）
阵打阵人。（一阵又一阵的人，即“好多个人”。）
碗打碗酒。（一碗又一碗的酒，即“好多碗酒”。）
里打里路。（一里又一里的路，即“好长的路”。）
双打双鞋。（一双又一双的鞋，即“好多双鞋”。）

在“量词＋打＋量词”的结构中，可用“十、百、千、万、亿”数词构成变式，从而有“数词＋打＋数词＋量词”的形式。例如：

十打十个人。（好几十个人。）
百打百亩田。（好几百亩田。）
千打千块钱。（好几千块钱。）
万打万双鞋。（好几万双鞋。）

第三，有“量词＋把＋两＋量词＋名词”的形式。

这一形式表示事物数量在一到二之间，即使多，也不会比二多很多，仍表示约数。例如：

亩把两亩田。(一亩到两亩的田。)

碗把两碗酒。（一碗到两碗的酒。即使多，也不会比两碗多很多。)

日把两日时间。（一日到两日时间。即使多，也不会比两日多很多。)

这一结构形式可用“十、百、千、万、亿”构成“数词 + 把 + 两 + 数词 + 量词”的变式。例如：

十把两十个人。(十几个到二十个的人。)

百把两百亩田。(一百多亩到二百亩的田。)

千把两千间房。(一千多间到两千间的房子。)

万把两万里路。(一万多里到两万里的路。)

亿把两亿块钱。(一亿多元到两亿元的钱。)

敆个教室只能坐百把两百个人（这个教室只能坐一百个到两百个人。)

偓手头上只有千把两千块钱（我现在只有一千元到两千元的钱。)

第四，有“量词 + 把 + 名词”的形式。

“量词 + 把 + 名词”表示的意思是“一 + 量词 + 名词 + 左右”，仍表示约数。例如：

里把路。(一里左右的路。)

碗把饭。(一碗左右的饭。)

年把时间。(一年左右的时间。)

动量词“摆（次)”、“下（次)”也适合这一形式，表示次数极少。例如：

讲摆把就好（讲一次两次就好)

做下把就可以（做一次两次就可以)

在客家方言中，能构成“量词＋打＋量词”这一形式的量词都可以构成“量词＋把＋两＋量词”和“量词＋把＋名词”这两个形式。例如：

杯打杯茶	杯把两杯茶	杯把茶
堆打堆泥	堆把两堆泥	堆把泥
碗打碗饭	碗把两碗饭	碗把饭

7. 副词

从语法功能看，梅县话的副词有以下两个特色（参见郭榴红的《梅县方言副词研究》）：

（1）主要修饰动词和形容词，充当状语和补语，但有时程度副词还可以修饰名词构成“副名结构”，在句中充当谓语和定语，不能充当主语和宾语。

①充当谓语。例如：

个只人咹番薯。（这个人很愚蠢。）

个只人刮山。（那个人很老土。）

个条裙忒花。（这条裙子太花哨。）

②充当定语。例如：

佢用咹传统欸态度看个只问题。（他用很传统的态度看待这个问题。）

佢用十分绅士欸语气回答问题。（他用十分绅士的语气回答问题。）

（2）通常是放在动词、形容词、名词（短语）或数量词（短语）之前起状语的修饰作用，但出现了普通话副词中所没有的后置现象。

①“动词＋数量词＋添”结构。例如：

食一杯茶添。（再喝一杯茶。）

打一盆水添。（再打一盆水。）

②形容词“多”和“少”放在动词后面作状语，此时也具有副词性质。例如：

买多滴青菜。（多买点青菜。）
着少两件衫。（少穿两件衣服。）

8. 拟声词

客家方言的拟声词用法比较简单。就梅县话来说，主要有以下两点。

（1）单音节的拟声词一般不单独使用，要描摹单个声音时，或者后加一个“声”，或者前加一个衬音再后加一个“声”，便能在句子中出现。如形容清脆炸裂的枪声、鞭炮声的“□［pat^{5}］”出现在句中时，就要变成“声”或“□□［pit^{5} pat^{5}］声”，其他如：

贡——贡声或劲贡声（雷声）：雷公贡声/劲贡声个响。（雷隆隆地响。）

□［$poŋ^{53}$］——□［$poŋ^{53}$］声/并□［$poŋ^{53}$］声（拍打水面的声音）：一只人□［$poŋ^{53}$］声/并□［$poŋ^{53}$］声个㵘落水。（一个人扑通跳下水。）

单音节拟声词加“声”后在句子中常作状语，此时“声”后还加“个”或“欸”。例如：

佢“劲贡”声个跌阿地泥上。（他“扑通”一声摔在地上。）
目汁“镜”声欸流出来欸。（眼泪“哗”地流出来了。）

单音节拟声词和由其衍生出的非叠音的双音节拟声词具有副词性。

（2）客家方言象声词还有一种生动形式 AxBy 式（可称为“加 l－词”），即象声词词根语素 AB 附加衍音 xy 音节构成 AxBy 式形容词：

x 附于 A，与 A 同韵；y 附于 B，与 B 同韵；xy 声母都固定为 l。AB 具有较为实在的词汇意义，是整个词的词汇意义的主要体现者；xy 是词缀语素，它使词语带上“令人不愉快的感情色彩和程度加深的意义”。AxBy 与同根的 AABB 式可互相转换。例如梅县话：

四利唆啰［$si^{53}li^{53}so^{53}lo^{53}$］：窸窸窣窣。

气利呵罗［$hi^{53}li^{53}ho^{53}lo^{53}$］：（支气管炎患者的）连续喘气声或（锅里热水的）冒气声。

9. 介词

介词常常与处所词、方位词、时间词组成介词结构，在句中作状语和补语。客家方言介词不少，例如梅县话中就有下表所列的介词。

分类	例词
表时间的	从、自、由、嗨、到、随、赶
表处所、方向的	从、自、由、嗨、打、对、腾、顺、乍、向
表方式、方法的	照、靠、用、拿、将、依靠、按照
表示对象关联的	同、对、将、将把
表示原因、目的的	因、因为
表示比较的	比
表示排除的	除撇、除开
表示被动的	分

以下介绍几个比较重要的介词的用法。

（1）阿［a^{53}］。

“阿”跟时间、处所、方位词组合，位置紧跟在动词之后。

①表示时间，一般指出现、消失以及某些不明显的动作发生的时间。例如：

时间定阿天光上昼。（时间定在明天上午。）

佢出生阿 1970 年。（他生在 1970 年。）

②表示处所，指出生、发生、产生、居留的处所。例如：

偓以前住阿内蒙古。（我以前住在内蒙古。）
荔枝出阿广东。（荔枝产在广东。）

③指动作达到的住所。例如：

眼镜跌阿地泥上。（眼镜掉在地上。）
一枪打阿肚屎上。（一枪打在肚子上。）

动词的受事不能放在宾语位置上，或者用“将把”句，或者用受事主语句。例如：

姓名写阿上背。（姓名写在上边。）
将把姓名写阿上背。（把姓名写在上边。）

“阿”的表意作用同普通话介词“在”相似，但“阿”的用法与普通话的“在”有很多不同，“在”组成的介词短语可在动词之前，也可在动词之后。普通话可以说“我以前住在内蒙古”，也可以说“我以前在内蒙古住”，但梅县话不能说“偓以前阿内蒙古住”。

“在”组成的介词短语放在动词之后时，“在”与动词之间可以插入其他词语，而“阿”与动词之间不能插入其他词语。

（2）分［pun^{44}］。

“分”用于被动句，引进动作的施动者，前面的主语是动作的承受者。

①引出交代传递的接受者，多用在动词后。例如：

佢留分偓一本书。（他留给我一本书。）
先生将把胸章发分佢。（老师把校徽发给他。）
分偓来封信好无？（给我来封信好不好？）

②引进动作的施动者。例如：

禾分牛食撇欸。(禾苗被牛吃掉了。)
佢分老板赶走欸。(他被老板开除了。)

“分”由动词“分”虚化而来，在梅县话中依然保持动词用法，表示给予。例如：

佢分𠊎五百块钱。(他给我五百块钱。)

也可以表示分开义。例如：

两兄弟分欸家。(弟兄俩分了家。)

“被”表被动时，可以直接放在动词之前，梅县话的“分”表被动时则一定要引进施动者，没有单独放在动词前的用法。普通话可以说“我被打伤了”、“油库被炸掉了”，梅县话就不能说“𠊎分打了”、“油库分炸撇哩”。

(3) 将［$tsio\eta^{44}$］、将把［$tsio\eta^{44}pa^{31}$］。

①“将”或“将把”跟名词组合，用在动词前。“将”或“将把”后的名词多是动词概念上的宾语，由“将”或“将把”提到宾语前，相当于普通话的“把”。

第一，表示处置，名词是后面及物动词的受事。例如：

你去将教室扫伶俐来。(你去把教室打扫干净。)
佢将把禾都割聚撇哩。(他把稻子都收割完了。)

第二，表示致使。例如：

𠊎差唔多将脚骨都行断欸。(我差不多把脚都走断了。)
莽人将把□［ηa^{44}］书扯烂欸。(谁把我的书撕烂了。)

第三，表示动作的处所和范围。例如：

佢等人将箱头箱角都造交欸。（他们把箱子的角角落落都搜遍了。）

佢将把全国大城市都捞交欸。（他把全国大城市都逛遍了。）

②普通话的处置句多用“把”字提宾，也有用“将”字提宾的。“把”多用于口语，“将”则带有书面语色彩。梅县话处置句在口语中也常用“将”字提宾，这大概是保留了古汉语的传统用法，而用“将把”来提宾的处置句也一样通行。“将”字句和“将把”句可以交互使用，从使用频率看，老派客家方言使用“将把”句多一点儿，由于受普通话的影响，“把”字句也逐渐在年轻人中流行开来。

（4）嗨［hoi^{44}］（可能来源于“在［ts^{h}oi^{44}］”）。

“嗨”跟时间、处所、方位等词语组合，用在动词之前。

①表示动作发生的时间。例如：

阿叔等人嗨天光下昼转到屋家。（叔叔他们在明天下午回到家里。）

嗨个时节倨都唔曾愐到咹多意欸。（在那个时候我都没想那么多了。）

②表示动作发生或事物存在的处所。例如：

阿爸嗨塘里捞螺子，阿姆就嗨塘头上洗衫。（爸爸在池塘里捞螺，妈妈就在池塘边洗衣服。）

嗨禾坪中心晒等谷。（在晒谷场中晒着谷子。）

③表示范围。例如：

佢嗨学习上好上紧个。（他在学习方面是抓得很紧的。）

嗨捉棋方面，倨系当佢唔得。（在下棋方面，我是不如他。）

④表示条件，构成“嗨+短语+下”格式，这是在普通话影响下的新兴句式，持老派方言的人一般不说。例如：

嗨领导关心下，偓丁（等）人个伙食正过好欸。（在领导关心下，我们的伙食才变好了。）

梅县话介词“嗨”相当于普通话的介词“在”，上述各例句译成普通话都可用“在”对译，但是介宾短语“嗨+宾语”只能用在动词之前而不能用在动词之后。普通话用在动词之后的介宾短语“在+宾语”的“在”在梅县话中有介词“阿 [a^{53}]”与之相对应。

介词“嗨”同“阿”都有表示动作时间、处所的语法意义，但分布的位置不同，“嗨+宾语”一定在动词之前，“阿+宾语”一定在动词之后，而且“阿”一定要紧紧附着在动词之后。

（5）同。

“同”是梅县话中用途很广的介词，口语中没有介词“和”、“跟”。“同”的基本意义和基本用法如下：

①跟普通话的介词“和”、“跟”、“同”大体相当。

第一，表示共同、协同。例如：

偓往摆同刘山住阿一下。（我以前跟刘山住在一起。）

第二，引进动作的对象。例如：

唔怕还细，佢敢同坏鬼打斗。（别看他年纪小，他敢跟坏蛋搏斗。）

第三，表示与某事有无联系。例如：

佢同火烧山个事情无相干。（他跟山林失火的事无关。）

第四，引进用来比较的对象。例如：

寒天个井水同雪水一样，唔好拿来洗身个。（冬天的井水跟冰雪一样冷，不能用来洗澡。）

②梅县话的介词“同”比普通话的介词“和”、“跟”、“同”的使用范围更为广泛，它有相当于普通话介词“给”的一些用法。

第一，引进动作的受益者或受害者。例如：

佢唔单净同学生上堂，还同村肚里人看病。（他不但给学生上课，还给村里人治病。）

第二，“同 + 偃 + 动词”用于祈使句，有时表达“为我”、“替我”的意思。例如：

同偃关好门。（替我关好门。）

有时只是加强语气，表示说话人的意志。例如：

你同偃留心滴！（你给我小心点！）
你同偃行远那去。（你给我走远点。）

第三，“同”还可以用在特定的处置句中，其作用相当于“将、将把”，跟普通话里的“把”相当。例如：

定着爱同阿叔个屋做好来。（一定要把叔叔的房子盖好。）
佢同学堂下个树倒转去做屋。（他把学校的树砍下来拿回家盖房子。）

“同”还可以作动词用，表示相同；也可作副词用，表示某一行为动作是共同的；作连词用时，连接词和短语，意义用法跟普通话的连词“和”、“跟”、“同”相当。这些都要与介词“同”区分开。

其余一些介词的具体用法可参见林立芳的《梅县方言的介词》（见《梅县方言语法论稿》）。

（二）句法特点

客家方言句法上有一些特色。本部分先介绍其语序上的特点，再介绍几个有特色的句式。如无特别说明，举例皆为梅县话（部分内容参见黄映琼的《梅县方言语法研究》）。

1. 语序上的特点

第一，副词“多”、“少”修饰动词时，常常置于动词之后，这一点像粤方言、闽方言。例如：

买多点。（多买点。）
着少两件衫。（少穿两件衣服。）

第二，“倒”相当于普通话中“看得到”的“到”，但在句子中的位置不同。例如：

买得咹多东西倒。（买得到这么多东西。）
看得个场电影倒。（看得到这场电影。）

第三，“去”、“来”总是放在宾语前面。这跟粤、闽、吴方言是相同的。例如：

𠊎去广州。（我到广州去。）
佢唔曾来北京。（他没有到北京来。）

第四，客家方言与粤方言、吴方言一样，用相当于普通话的“再”的副词“添”加于句子的末尾，来表示动作范围的扩展。例如：

等下添。（再等一下。）
食一杯茶添。（再喝一杯茶。）

这类“添”字句的基本格式有两种：

一是“动词 + 数量短语或量词（ + 宾语） + 添”，表示动作行为“有待重复”或动作状态的“继续或持续”。例如：

看两页（书）添。（再看两页书。）
你行两转添。（你再走两趟。）

二是“形容词 + 数量短语或量词 + 添”，表示形容词性状程度“有待加深”，达到增加数量、增进程度的目的。例如：

放冷一下添。（放冷点。）
饭绵滴添。（饭再烂点。）

“添”字句中的“添”，其句法功能大致相当于普通话的状语，却只能出现在谓词之后，因此可称之为“后置成分”。当然，这并不是一个严格意义上的语法概念。其中的“添”是由动词的意义“增添”、“添加”虚化而来的。

第五，客家方言的“双宾语句”，其两个宾语的位置比较灵活，可以是直接宾语在前，间接宾语在后，也可以相反（普通话基本上是间接宾语在前）。例如：

佢分钱𠊎。（他给我钱。）
佢分𠊎钱。（他给我钱。）

普通话虽然也可以说成“直接宾语 + 间接宾语”，但在两者之间一般必须加“给”，如“他送钱给我”。客家方言这个“给”可以不出现，这是两者不同的地方。

第六，客家方言有些句子，当动词谓语同时带上宾语和补语时，宾语、补语位置可以互换而不改变意义，例如：

食饭唔落。（吃不下饭。）
食唔落饭。（吃不下饭。）
打佢唔赢。（打不赢他。）

打唔赢佢。(打不赢他。)
侄当佢唔得。(我比不上他。)
侄当唔得佢。(我比不上他。)

上文提到的"倒"字句，也有这种表现，例如大埔话：

赚钱唔倒。(赚不到钱。)
赚唔倒钱。(赚不到钱。)

2. 客家方言的几种句式

(1) 比较句。

跟其他方言一样，客家方言的比较句分为等比句和差比句两类。

①等比句。客家方言的等比句句式较多，例如梅县话就有以下五种句式：

句式一：甲+同+乙+一样（样）。

这种句式，甲和乙代表两种相比的事物或性状，"一样（样）"也可用"争唔多（差不多）"来替换，它们是比较的结果，是句子的谓语。"同+乙"是介宾结构，修饰"一样"的，作状语。例如：

□［ŋia⁴⁴］想法同□［ŋa⁴⁴］想法一样（样）。(你的想法和我的一样。)

你同□［ŋa⁴⁴］爸欸岁数争唔多。(你跟我爸的年龄差不多。)

"甲+同+乙+一样（样）"的否定式，是在"一样（样）"前加否定副词"唔"。例如：

佢同侄唔一样（样）。(他跟我不一样。)

句式二：甲+同+乙+一样（样）+谓语。

这种句式中，"同+乙+一样（样）"是状语，修饰后面的谓语。谓语可以是形容词，也可以是动词短语。如果是动词短语，则动词多为表示心理活动的，后面常要带宾语。例如：

佢屋下养个鸡欸同鸭欸一样（样）咹多。（他家里养的鸡和鸭都很多。）

佢同𠊎一样（样）咹好看戏。（他和我一样这么喜欢看戏。）

这种句式的否定式，如果谓语是形容词，则将否定副词“唔”加在“一样（样）”之前。例如：

解只间欸同个只间欸唔一样阔。（这间房子跟那间房子不一样宽。）

如果谓语是动词短语，则将否定副词“唔”加在动词短语前。例如：

小王同小陈一样样唔食酒。（小王跟小陈都不喝酒。）

“一样样”是固有的方言词，采用这种说法的多是老一辈人。

句式三：甲＋同＋乙＋平（平）＋谓语（形容词）。

这种句式，谓语只能是形容词，“同＋乙＋平（平）”充当其状语。“平（平）”也可以用“一样（样）”、“差不多”等词代替。与句式一不同的是，谓语不能省，但仅限于几个表示积极意义的形容词（如“高”、“大”、“长”）。例如：

解只苹果同个只苹果平（平）大。（这只苹果跟那只苹果一样大。）

这种句式的否定式，是将否定副词“唔”加在“平（平）”之前。例如：

解只鞋同个只鞋唔平大。（这只鞋跟那只鞋不一样大。）

句式四：甲＋有＋乙＋咹＋谓语。

这种句式表示甲和乙两种事物在相比较时以乙事物作为标准，而甲事物已达到乙事物那种程度了。谓语可以是形容词，也可以是动词短语。例如：

佢有阿红妹咹会读书无？（他读书有小红那么厉害吗？）

这种句式的否定式，是用“无”代替“有”。同时，在意义上，由等比句变为差比句。例如：

深圳无梅州咹冷。（深圳没有梅州这么冷。）

句式五：甲＋当得（当得到）＋乙。

这种句式表示甲事物相当于乙事物。“当得（当得到）”也说“当欸得（当欸到）”。比较项乙可放在“当得（当得到）”后，也可以插在“当得（当得到）”的中间。甲、乙可属同类事物，也可属不同类事物。例如：

三只妇人家，当得一架烂风车。（三个妇女抵得上一架破扇车。）

佢本事当得到你两倍。（他的本事抵得上你的两倍。）

在日常口语中，这种句式更多的是以否定句的形式出现（即加上“唔”），表示甲不如乙，此时甲、乙是两类相同的事物。例如：

偓当唔得□［ŋia^{44}］姊。（我比不上你姐姐。）

老王做事当阿强唔得（唔到）。（老王干活比不上阿强。）

你当佢一半唔得。（你还比不上他的一半。）

句式六：甲＋像＋乙。

这种句式表示两个相比较的事物相似，表强调时也可在“像”前面加“刮（很）”。例如：

□［ŋia^{44}］妹紋刮像你。（你女儿很像你。）

你今日装紋衫刮像□［kie^{44}］个。（你今天穿的衣服很像他的。）

它的否定式，是在谓语“像”前面加否定副词“唔”。例如：

佢唔像你。（他不像你。）

②差比句。差比句的句式较少，例如梅县话，主要是以下两种句式：

句式一：甲＋比＋乙（＋过）＋谓语。

“比＋乙”是状语。谓语表示相比的结果或结论，由形容词、动词或动词短语充当，前面常加副词“过”，以加重比较的语气。形容词谓语的后面还可加上类似“好多（很多）”、“一滴（一点儿）”的词语或者一些数量词作补语。例如：

佢今年比旧年老撇好多。（他今年比去年老多了。）

阿王做事比阿陈过扎。（小王干活比小陈较积极。）

佢比偃过高一厘米。（他比我高一厘米。）

这种句式的否定句，一般是在“比”字前加“无”，有时也可在形容词、动词前或作为补语的形容词前加“无”。例如：

阿王无比阿张过会食。（小王没有小张能吃。）

阿王比阿张无过会食。（小王不比小张能吃。）

此种句式在唐代的文献中有相似的用例。例如：

色比琼浆犹嫩，香同甘露仍春。（郎士元《寄李袁州桑落酒》）

句式二：甲＋形容词＋乙＋数量词或情态补语。

甲放在形容词谓语前，乙放在形容词谓语后。这种句式既可用于较胜比较，又可用于不及比较，其中的形容词既可以是积极意义的，也可以是消极意义的。例如：

□［ŋa^{44}］哥大倨两岁。（我哥大我两岁。）
佢还矮倨好多。（他比我还矮很多。）

这类句式还可以在形容词的前面加上程度副词“过（较）”。如上述例句也可说成：

□［ŋa^{44}］哥过大倨两岁。（我哥大我两岁。）
佢还过矮倨好多。（他比我还矮很多。）

这类句式的否定式有两种形式，一种是在形容词前加“无”。例如：

□［ŋa^{44}］哥无大倨两岁。（我哥没有大我两岁。）
佢无矮倨几多。（他没矮我多少。）

另一种是在数量词或情态补语前加“无”。例如：

□［ŋa^{44}］哥大倨无两岁。（我哥大我不到两岁。）
佢矮倨无几多。（他不比我矮多少。）

（2）被动句。

客家方言的被动句，极少用“被”或“给”表示（李如龙、张双庆，1992），多用“分”（梅县、翁源、连南、清溪、揭西、秀篆、武平、宁化、陆川），个别地方用“把”（河源）、“得”（长汀）、“等”（三都）、“拿”（赣县）、“挨”（西河）。只有宁都用“被”。梅州各县市都说“分”［pun^{44}］，跟潮州话相同，梅县话例子如：

倨分狗咬欸。（我被狗咬了。）
白个分佢讲到乌个。（白的被他讲成黑的。）
碗公分佢打烂欸。（碗被他打破了。）

表被动的“分”来源于表给予的“分”，表给予的例子见上面双宾语句，类似例子还有：

阿叔分佢两百元。（叔叔给我两百元。）
分一本书分你。（给你一本书。）

与普通话“被”、“叫”、“让”、“给”不同的是，梅县话的“分”表被动时不能直接置于动词前，一定要放在施动者前，即使在不明施动者或无须说出施动者的时候，也必须在“分”后加上泛指施动者的词语，如“人”、“物”之类。例如：

油库分人炸撇欸。（油库被人炸掉了。）
饭分唔知脉个东西食撇欸。（饭不知被什么东西吃掉了。）

关于使用条件，梅县话的“分”字句与普通话的“被”字句大体相同，主要表现在：①主语表示的受事必须是定指的人或事物；②动词是表示动作意义的及物动词；③表示否定、时间等副词以及助动词要放在“分”字前。

与普通话不同的是，梅县话“分”字句可以使用光杆动词，只是要受到其他条件的限制：“分”字前必须加助动词“会、爱”等。例如：

着咹样欸个衫会分人家笑欸。（穿着这样的衣服会让人笑话的。）
□［ŋia^{44}］老弟欸去学堂下会分人煽。（你弟弟去学校会被人欺负。）

或者加否定副词“莫、唔好、唔爱”等。例如：

纸炮欸莫分细人欸搞。（鞭炮不要给小孩子玩。）

当包孕在更大的句子中，梅县话“分”字句也可以使用光杆动词，且不用在“分”前面加助动词、否定副词。例如：

□［ŋia^{44}］老弟欸去学堂被人熻，你知么？（你弟弟去学校被人欺负了，你知道吗？）

（3）“把”字句（处置句）。

客家方言的“把”字句（处置句）不发达，例如据李如龙、张双庆《客赣方言调查报告》，“把饭吃了”在 17 个被调查的客家方言点中有 13 个不用“把”字句（处置句）表达，而换成一般的陈述句或祈使句，例如（表达中还可以加上“数词 + 碗”或“指示代词 + 碗”的说法，此处省略。音节上的 0 指轻声）：

梅县：食撇饭□［ti^{0}］。
连南：食了饭！
河源：食□［pau^{0}］饭去！
清溪：饭食哩去！

只有 4 个点用“把”或类似的“将”构成处置句来表达。例如：

揭西：将饭食哩！
西河：把饭食开！

同样的表现还见于“把手洗干净”、“把盖子拧紧”的说法（见李如龙、张双庆的《客赣方言调查报告》第 455 页）。

当然，梅县话也有用“将”（或“将把”）构成处置句来表达的。例如：

等佢将话讲撇知。（让他把话讲完。）
你将把脚车借分偃骑几日添！（你把自行车再借我骑几天！）

“将（将把）”句中的谓语是一个复杂的动词性成分，不能是光杆动词。例如：

佢将把屋头屋角都寻欸一转。（他把房间的每个角落都搜查了一遍。）

佢特事将面涂去飞里花拉。(他故意把脸涂得花花绿绿。)

“将(将把)”的前面可以出现“想”一类的动词,或者是副词。例如:

佢想将(将把)钱存阿银行欸去。(他想把这钱存到银行里去。)
你想快将(将把)身份证拿分佢。(你赶快把身份证拿给他。)

梅县话用介词“把”的处置句很不发达,在日常的口语里不容易听到,多在较正式的场合里或在讲故事、介绍某物的制作过程时才偶尔听到,而且给人一种文绉绉的感觉,多见于有文化的老人口中,或许是受近代书面语和普通话的影响。在碰到类似“把饭吃了”说法的时候,就换用非处置句的表达了。同样的例子还有:

快滴洗净啊手。(快点把手洗干净。)
盖欸扭紧来。(把盖子拧紧。)

需要说明的是,梅县话里还有另一种处置句式——“同”字句。它是用介词“同”与定中式名词性偏正短语组合用在动词前表示处置的句式。“同”后的短语多半是后面的动词概念上的宾语,由“同”字提到动词前。例如:

狗欸同伯婆个猪骨头偷食撇欸。(狗把阿婆的猪骨头偷吃掉了。)
佢同□[$ŋa^{44}$]传欸扯烂欸。(他将我的小人书撕烂了。)

这种“同”字句表示处置时是有严格的条件限制的:“同”字后面的名词不仅必须是定指的,而且名词前面一定要有表示领属关系的定语;对动词的要求是,不能是光杆动词,前后要带些别的成分,而且能在语义上处置前面的名词性成分;否定词一般用在“同”字的前面。例如:

你同□[$ŋa^{44}$]脚车骑坏欸。(你把我的自行车骑坏了。)

佢穷阿同老婆个戒指都卖撇欸。（他穷得把妻子的戒指都卖掉了。）

阿二牯还唔曾同厂下个汽车整好。（老二还没有把工厂的汽车修理好。）

“同”字句有时可以和“将”字句互换。由于“同”字句对“同”后的名词有严格的条件限制，所以其使用范围远没有“将”字句广。所有“同”字句都可以换成“将”字句，而“将”字句却不能随意换成“同”字句。

（4）“来去”句。

客家方言有一种“来去”句，表示“将去做某事”，例如“（咱们）看电影去吧”在部分地区的说法如下（《客赣方言调查报告》）：

梅县：来去看电影啊？

翁源：来去看电影？

清溪：来去看电影？

揭西：来去看电影啊？

部分赣语也有此说法，例如永新、吉水、新余、平江、安义、弋阳、南城、建宁。

就梅县话来说，“来去”句有以下几种类型：

①来去＋名词性词语。例如：

佢来去学堂下欸。（我去学校了。）

你等人同佢来去上海。（你们和我一起去上海。）

②“来去”充任连谓结构的前项表示目的，这是“来去”句在梅县话中最为常见的用法。例如：

来去外背食饭。（去外面吃饭。）

佢等人来去出街。（我们一起去逛街。）

放假欸佢等人来去杭州嫽好么？（放假了我们一起去杭州玩好吗？）

（5）“有”字句。

客家方言中由动词“有”构成的句子形式多样，表达的意义也比较复杂，且相对于普通话来说比较有特色，因此可统称为“有”字句。以下介绍梅县话中的“有”字句。

①作谓语用的“有”。当“有”作谓语时，有以下几种情况：

第一，“有＋咹（这么）＋形容词”。这种形式含有强调某种性状的意味，“有”已经开始虚化。例如：

用欸正知得有咹好。（用了才知道这么好。）

个只老人家每日着得有咹讲究。（那个老人的穿着每天都这么讲究。）

第二，“有＋过＋形容词”。这种形式表示相比之下情况朝某个方面变化。“过”含有比较的意味，相当于“较”。例如：

阿婆欸身体有过好么？（奶奶的身体好点了吗？）

今日比往日有过赢。（今天比昨天好点了。）

第三，以动词或动词性结构作宾语，表示从事、经历过某种动作活动或出现过某种情况。细分起来主要有以下几种类型：

A. “有＋动词”。例如：

佢同佢有讲，𠊎同佢无讲。（他和他有来往，我和他无来往。）

有行正会亲，无行无来亲。（有经常来往才会亲近，没有来往就不会亲近。）

动词可以是一般动词，也可以是趋向动词。但当动词为趋向动词时，常用于一般疑问句，且句中常用“过”与之相呼应。例如：

佢有入去过么？（他有进去过吗？）

阿姊今日有上去过么？（姐姐今天有上去过吗？）

B. “有 + 状语 + 动词”。例如：

倨有同佢讲。（我向他说起过。）
佢有认真读，就系读唔识。（他很认真读书，但就是成绩不好。）

C. “有 + 动词 + 宾语”。例如：

佢每日转到屋下都有做作业。（他每天回到家都做作业。）
每暗晡你有读书么？（每天晚上你有没有读书？）

D. “有 + 状语 + 动词 + 宾语”。例如：

倨有同佢讲过解件事。（我曾经向他说过这件事。）
你嗨学堂下有认真读书么？（你在学校里认真读书了吗？）

E. “有 + 动词 + 补语”。例如：

你有写清楚么？（你写清楚了吗？）
押金有拿转来么？（押金拿回来了吗？）

F. “有 + 状语 + 动词 + 补语”。例如：

你有同佢商量好么？（你和他商量好了吗？）

G. “有 + 状语 + 动词 + 补语 + 宾语”。例如：

你有同佢约好时间么？（你和他约好时间了吗？）

梅县话中的这种“有 + 动词”的句式在古代汉语中有类似例子，例如：“如有犯法，则司狱在。”（《法言·先知》）在吴、粤、闽方言中也有用例。

②“有”作补语时，有以下两种形式：

第一，“动词+有（+宾语）”，肯定动作、活动已完成或目的、愿望已实现。例如：

阿刘买有两罂酒。（小刘买了两瓶酒。）

菜阿爸买有。（爸爸买有菜。）

“动词+有（+宾语）”和“有+动词（+宾语）”在意义上有差别。如上例中，“买有两罂酒”主要是对“两罂酒”的存在表示肯定，“买”的结果是“有两罂酒”，相当于普通话“买到了两瓶酒”；而“有买两罂酒”则侧重于对“买”的行为的肯定，相当于普通话“去买了两瓶酒”，两者不可替换。

第二，“动词+倒+有”或“动词+欸+有+倒”，两者都表示可能，后者更含有肯定的意味。例如：

拿倒有。（拿到了。）

拿欸有倒。（可以拿到。）

两者的否定式相同，都是“动词+唔倒”，如以上句子的否定式是“拿唔倒有”。

五　客家方言的文化内涵

方言是地方文化的载体，包含了地域文化内涵，充满了“地气”。以下举例介绍客家方言中的文化内涵，主要包括客家方言中的地理文化、过年文化、神灵信仰文化等。

（一）客家方言中的地理文化

本部分以梅县话为例，分析包含在客家方言中的地理文化。

从词语看，在地理文化上，客家方言体现出来的是“山”文化。

梅县话中与“山”有关的词语很多，这正好符合客家话在地理分布上的特征——分布在山区。这类词从地理位置收词来看，就有几十个，有的与普通话相同，如山、山腰、山脚下、山涧、山沟、山窝、山顶、山峰、山寨、山中、山上、山崩、深山、山区等，更多的是与普通话说法有差异的词语。例如：

山溪：山间的溪水。

山坑：相当于普通话的“山沟”，山间的流水沟。

山坳：山腰低洼的地方。

山塘：山间蓄水的池塘。

山坑田：山里的水田。

山田：山上的田。

山岩：相当于“山崖”。山的陡立的侧面。

山窿：山洞。

山坪：山间平地。

尖山崠（崠）：山顶。

山磡：山崖。
山旮旯：偏僻的山区。
山沟旯里：指偏僻的山区。
山肚欶：山里面。
树山：栽着树木的山。
横排：两山之间的平地。
岭岗：山冈。
矮岈（岌）冈：小山冈。括号中的"岌"是方言字。下同。
岈（岌）冈：山冈。
岈（岌）头：山顶。
软坳：起伏的山峦。
□［ŋam⁵³］：将滑坡的山石。
埂上：山腰低洼的地方。
山底下：山的靠近平地的地方。
山背：山那边（山坡背阴的一面）。
山前：山坡向阳的一面。
山个南片：山的南面。
山个东片：山的东面。
山个西片：山的西面。
山个北片：山的北面。

梅县阴那山风景

丰顺八乡山风景

（图片来源：http：//image. so. com）

还产生了一些特殊的称谓、名称。例如：

山巴佬：贬称乡下人。
大山牯：指少见世面的人，也叫“山巴佬”。
山牯：指见识不广的男人；贬称乡下人。
山牯佬：对山里人的贱称。
山精山怪：贬称乡下人。
山精：戏称乡下人。
半山福：当地用以称说既讲客家话又讲闽语的双语区的人。
三山国王：山民的保护神。

以上是关于人、神的称谓，以下是关于动植物等的名称。例如：

山竹：竹子的一种，专作钓竿用。
山藤：生长在山上的各类藤的总称。
山鸡：野鸡。
山猪：野猪。

一些与“山”有关的词语还产生了借代义、比喻义词语。例如：

山：边远、偏僻、闭塞、很多山（“山”是形容词）。
还山：送葬的俗称。
并壁山：靠山。
后壁山：靠山。
逻山脚：悄悄到别人家里探听情况。
爬山蹶岃（岌）：攀登山崖峭壁，比喻十分劳苦。
过山过水：比喻路途遥远。
包山塞海：形容贪婪，恨不得所要的东西能把山都包住，把海都填满。
徛山莫徛水：原意是宁可站在山上也别站在水里，比喻危险。
欺山莫欺水：表示不要看轻表面上柔弱的人，也许这种人更可畏。
隔山嫁：嫁给出门在外的人。
隔山娶妻：侨胞托水客在家乡物色妻子并帮他带到乡外。

上面所列的词语中，“岃”、“崠”、“岩”三个词值得特别注意，因为它们在别的方言区较罕见。

（1）岃（岃、岌）[in^{53}]：山冈。

“岃（岃）”来源于古代，原义是“山高貌”。《集韵·震韵》而振切：“山高貌。”今指“山冈”，如：矮岃冈（小山冈）、岃冈（山冈）、岃头（山顶）。因为雕刻等，字形变为“岌”，多见于客家地名，如1989年出版的《梅州市地名志》就有“官岌、赤岌岗、天字岌、教子岌、步岗岌、曾荣岌、大墓岌、大岌”等。又进一步发展，变成“岌”（与普通话中“岌岌可危”之“岌”同形了），如梅州市的“赤岌岗”、“九墩岌”。

（2）崠（崠）[tuŋ^{53}]：山脊。

“崠（崠）”指“山脊”古已有之，如《集韵》：“崠……一曰山脊。”今客家方言把它传承下来，同时用它来指“屋脊”[“屋崠（崠）”]，这是周围多山脊导致的类比结果。

（3）岩[ŋam^{11}]：悬崖突出。

“岩”是指岩石，由于山区岩石多，并且形成突出悬崖，因此产生了“悬崖突出”的意义。

与上相关的还有“湖[fu^{11}]”，指“小水坑”和“积水洼地”，这显然是因为客家山区没有真正的大湖，才能称小水坑和积水洼地为湖。

类似的例子在梅县熟语中是大量的。例如：

眼大不见山：比喻粗心大意，连眼前之物也看不见。

看山倒樵，看菜傍饭：倒樵，砍树。傍饭，下饭。比喻从实际出发来看待和处理问题。

摸目上山——唔知高低：摸目，瞎子。瞎子爬山，看不见地势的高低，比喻不懂事理。

一山更有一山高：比喻天外有天，强中更有强中手。

一斗转唐山：唐山，侨胞称祖国或祖籍地。原意为在海外发了财，就回家乡，引申为一下子发了大财。

半山岃（岃）上作缺——堵坳：赌拗。“堵”谐“赌”。

半山岃（岃）上丢佛敓——废神：费神。“废”谐“费”。

点火上山——照岃（岃）：“照岃（岃）”谐“照应”，多指财物上的关照。

靠山莫枉樵，近井莫枉水：靠山莫浪费柴，近井莫浪费水。

山上点火把——照岈（岃）："照岈（岃）"谐"照应"。

山冈上滚佛欸——辗神："辗神"谐"赞成"。

有雨山戴帽，无雨云拦腰：山顶起云有雨下，山腰起云没有雨。

这类词语不少，它反映了客家地区的地理特点是多山少水。客家谚语将此特点描述成"八山一水一分田"，并有谚曰："逢山必有客，有客必住山。"

（二）客家方言中的过年文化

过年也就是过春节。客家人过春节非常隆重，也非常讲究，五华等地俗称"过老年"，持续时间比较长，一般是从腊月二十五起至正月十五元宵节止。本部分以五华话为例，考察相关的词语及其所蕴含的过年文化。（参见李辉娥的《从方言词语看五华春节期间的风俗文化》）

1. 过年期间的仪式

过年期间的仪式可以从相关的"仪式"类词语中看出。这些词语包括：扫屋、挂纸、贴春联、贴年画、挂灯笼、洗香水澡、□［vo^{31}］祖宗、食团圆饭、分［pun^{44}］管年钱、点年光、接财神、拜年、转妹家、送穷鬼、祭祖宗、敬三牲、拜神桌、点烛烧香、打墩哩、请祖公、起福、完福、上灯等。以下是详细说明。

扫屋：指入年界前后家家户户进行大扫除，打扫房屋，除去灰尘，清洗桌、椅、板、凳，洗晒被褥、蚊帐，干干净净过年。

过年时在大门口贴春联、挂灯笼
（图片来源：梅县文化馆）

挂纸：指除夕的前几天要去祖宗坟地扫墓，把染了公鸡血的草纸压在墓碑上。现在有些地方改用一张金纸、一张银纸加上半张红纸压墓头，曰"禁碑"。

贴春联：又名贴对联、门对。贴春联的习俗由来已久，古时便有"桃符"、"门帖"之称。五代时，后蜀主孟昶亲自在桃符上题写："新年纳余庆，嘉节号长春。”人们认为这是我国最早的春联。

贴年画：指过年期间，人们张贴表现欢乐吉庆气象的图画。

挂灯笼：指春节前，人们买一对灯笼左右对称地挂在家门口。灯笼里有电灯，整个过年期间都亮灯，以兆一年光裕。

洗香水澡：指年三十那天穿新衫（新衣）、新裤、新鞋袜前要洗澡。洗澡水有香味，因为在大锅里烧水时里面放了樟树叶、长命草、柏树叶、柚叶等。全家老少，陆续洗澡，谓洗过澡即长一岁。

□［vo^{31}］祖宗：指节日期间先请祖宗享用备好的酒菜。一般是由家中的长辈来□［vo^{31}］（念念有词），同时要备好五个杯子或五个碗、五双筷子。如果准备的是碗，还要把筷子的一边挂在碗沿上，称为“挂筷”，意为供祖先用膳，同时在碗或杯子里添酒。

食团圆饭：指大年三十晚上家家户户全家成员齐聚在一起吃丰盛的年夜饭。年夜饭要多预备一些，使之有余，取“年年有余”、“丰衣足食”之意。

分［pun^{44}］笮年钱：就是“食团圆饭”后给压岁钱。“分”的意思是“给”，“笮”的意思是“压”。古时压岁钱有两种：一是“以彩绳穿钱，编作龙形，置于床脚，谓之压岁钱”；二是“尊长赐小儿者，亦谓之压岁钱”。（《节日文化》）今天所说的压岁钱便是后者，如今每逢过年，大人就要给小孩子发压岁钱，也要给长辈备一份。

点年光：指从除夕那天晚上开始到年初三晚上十二点这段时间，家中每个房间都要整夜灯火通明，以兆一年光裕。

接财神：指在财神下凡的时间即大年三十晚上十二点整，家家户户把所有的门打开，放鞭炮迎接财神的到来。

拜年：指人们相互走访，恭贺春节，以示辞旧迎新。现在拜年的方式变得多种多样，既有用贺年卡、电话、网络来拜年，又有互相登门道贺，还有聚在一起互相祝贺（即“团拜”）。

转妹家：是回娘家的意思。出嫁的女儿回娘家，通常是在年初二、初四或初六。一般带着鸡腿、甜粄、橘子以及其他孝敬父母的物品，回娘家与父母兄弟姐妹相聚，共叙天伦。

送穷鬼：指大年初三这天送走穷鬼。每逢年三十吃过年夜饭后，家家户户都要把屋里屋外打扫得干干净净。而大年初一和初二，无论地上有多少果皮果渣、鞭炮纸屑，都不能打扫。直到年初三早晨，才把屋里屋外打扫干净，并把垃圾送到村头路口去燃烧，有的还插上三支香、放几个煎堆，这叫“送穷鬼”。“送穷鬼”的风俗，早在唐朝韩鄂的《岁华纪丽》一书中就有记载：“孟春晦日，甫聚行乐，送穷。”

祭祖宗：指过年期间家家户户都要进行的一种对祖先的祭拜。春节时，要将祖先牌位放在正厅供奉，或在祠堂祭拜祖宗牌位，或上祖坟祭祀。最热闹的当属大年初一早上在各个宗族祠堂里的祭拜。人们之所以不会忘记在岁首缅怀、拜祭自己的祖先，是因为他们认为祖先的灵魂能够保佑后代子孙繁荣昌盛、家族兴旺发达。

春节时，将祖先牌位放在正厅供奉（张碧霞供图）

敬三牲：指用酒肉祭祀祖先，其中“三牲”是指祭祀中的鸡、鱼、猪。

拜神桌：指祭祀中的正方桌，也称八仙桌。桌面有木板的接缝，拜神的时候桌面的接缝线不能朝向神位，以示尊敬。如果是圆桌的话，则桌面的下方接缝线不能朝向神位。

三牲（张碧霞供图）

点烛烧香：是报信的意思，一般将香烛点燃后即插入香炉里。祭祖里的“点烛烧香”是指报信给列祖列宗，请他们到祠堂来用膳。

点烛和烧香（张碧霞供图）

打墩哩（张碧霞供图）

打墩哩：即放鞭炮，以在点烛烧香后庆贺列祖列宗的到来。

请祖公：祭祖时礼生（仪式主持人）要念请神书，请的内容包括：①请列祖列宗到其座位，开壶酌酒。②请列祖列宗尽情欢宴，领受金银纸宝。③期望列祖列宗消灾降福，保佑后代。④请列祖列宗回归原位，安居宝座，以降福后人。

整个过程是“拜神桌”（摆上供品）→“点烛烧香”（报信）→“打墩哩”（庆祝到来）→“请祖公”（请祖先享用）→行祭拜之礼（全家老少依长幼次序排列）。

起福、完福：两者是相对应的，“起福”是每年年初，到神坛社庙求神拜佛，请求神祇庇佑，谓日后灵应，当备礼酬谢。“完福”是指如愿以偿后，在年末履行诺言，酬谢神祇。

举行上灯仪式前先祭拜祖宗

上灯仪式中使用的花灯

（图片来源：中国客家博物馆）

上灯：上，读“赏”。指家中添了男孩后，要在祖堂挂灯。五华话中，“灯”与“丁”同音，上灯也就是添了新男丁之意。上灯的时间是从正月十一开始，五华各姓氏、各村庄都有自己的上灯时间。正月十五为上灯的高潮时期。上灯用的“花灯”是用小竹片扎成的八角形的框架，里面扎有一个小灯（油灯）座，外面用色纸贴好，剪或贴些寿仙公、小男孩、鲤鱼、仙桃之类的吉祥物图案（现在有些“花灯”也写了“新丁贵子”四个字以迎合上灯家庭求吉求福的心态）。上灯是要备上酒礼祭品的。祭拜过祖宗之后，开始上灯，即点燃灯火，将花灯徐徐升至族中祖堂的半空梁上，用灯带固定位置。

上面描述的“仪式”类词语展现了五华过年期间的仪式。其中有几点特别明显：①五华过年期间的仪式丰富，很多仪式保留了传统的风俗文化，例如“贴春联”。清代《燕京岁时记》已对春联作了注释：“春联者，即‘桃符’也。”“敬三牲”中的“三牲”，古代指用于祭祀的牛、羊、猪。《礼记·祭统》：“三牲之俎。”曹植《灵芝篇》：“刻木当严亲，朝夕致三牲。”“拜年”，陆容《菽园杂记》卷五载：“京师元日后，上自朝官，下至庶人，往来交错道路者连日，谓之‘拜年’。”这些仪式都是古代就有的。随着时代的发展，有些仪式也在不断地演变，如“三牲”从牛、羊、猪演变为鸡、鱼、猪等，这些都是为了更接近老百姓的生活现状。②崇拜祖先、追怀祖先的情感非常强烈，从“挂纸”、“□［vo^{31}］祖宗”、“祭祖宗”、“请祖公”等词语可以看出。这大概是因为客家先民从中原几经周折南迁，远离家乡，所以对祖先有着深刻的怀念之情，逢年过节都不忘祭祀祖先。③五华人对男孩的出生特别重视，会专门举行一些庆祝活动，从“上灯”这个词语就可以看出。客家人继承了中原传统文化，认为男孩是宗族的主干，负有传宗接代的重任，而女孩维持一家生计的经济能力较弱，且长大后又要付出巨额的费用出嫁，于是认为女孩是赔钱货而产生了重男轻女的思想。因此“上灯”仪式一般只在有男孩出生才举行。而这里面也包含了五华人重男轻女的思想，这种思想是根深蒂固的，很难一下子就改变。

2. 过年期间的祝福

过年期间的祝福可以从相关的“祝福”类词语中看出。这些词语有：添福寿、健健哩、添男孙、金榜题名、学习进步、过哩年大一岁、财源广进、一本万利、发达昌盛、步步高升、六畜兴旺、五谷丰登、一帆风顺、满面春风、恭喜发财、门迎百福、家业兴旺、得心应手、春节快乐、家庭幸福、合家团圆、万事如意、老幼平安、心想事成等。

对老人的祝福语有“添福寿”、“健健哩”、“添男孙”，都是祝愿老人能够健康长寿，有福气，多添男孙。现代汉语的节日祝福语中没有“添男孙”这种说法，它是客家特有的。五华人非常重视传宗接代，俗语“有后穷唔久，无后富唔长（有了后代不会穷很久，没有后代不会富很长，这里的后代特指男性）”充分说明五华人对男孩的那种渴望心理。

对小孩的祝福语有“金榜题名”、“学习进步”，希望小孩能够学习好；“过哩年大一岁”，希望小孩能够茁壮成长。

对生意人的祝福语有“财源广进”、“一本万利”、“发达昌盛”。

对当官的祝福语有“步步高升”。

对农民的祝福语有“六畜兴旺”、“五谷丰登”。

对家庭和个人的祝福语有“春节快乐”、“家庭幸福”、“合家团圆”、“万事如意”、“老幼平安”、“心想事成”等。

从以上词语中我们可以看出，过年期间是祝福语说得最多的时候，这其中表达了人们之间的各种感情和关系：①面对不同的对象说不同的祝福语，例如祝福老人的“添福寿”、“健健哩”，祝福小孩的“金榜题名”、“学习进步”等，这些祝福语都有特定的对象群体。②有些祝福语是方言区特有的，在普通话中没有，例如“添男孙”，这是五华人重男轻女思想的一种表现。还有“过哩年大一岁”，这表达了人们希望小孩茁壮成长的心愿，从另外一个角度来说也是希望小孩大了一岁后能够越来越懂事。③方言中的一部分节日祝福语与普通话的节日祝福语相同，例如“春节快乐”、“家庭幸福”、“万事如意”、“学习进步”等，说明五华话正在向普通话靠拢。不管是什么样的祝福语，都体现了过年期间人们的真情实感和衷心的祝愿。

3. 过年期间的娱乐活动

过年期间的娱乐活动可以从“娱乐”类词语中看出。这类词语有：敲锣打鼓、打纸炮、放烟花、舞龙、舞狮、舞竹马、舞春牛、舞采茶、舞花朝、木偶戏等（有些词语如“敲锣打鼓”、“打纸炮”等既见于娱乐活动，也见于仪式中）。

敲锣打鼓：泛指敲击各种打击乐器，以增加节日气氛。所以过年期间通常是鼓乐喧天。

打纸炮：就是燃放爆竹。民间使用比较多的是成串的小爆竹。《通俗编俳优》说："古时爆竹，皆以真竹着火爆之，故唐人诗亦称爆竿。后人卷纸为之，称曰爆竹。"燃放爆竹原是为惊吓和驱逐恶鬼，现在多为增添喜庆之意。

放烟花：就是燃放"烟花"。"烟花"是燃放时能发出各种颜色的火花而供人观赏的东西，用纸裹成，种类不一。

舞龙、舞狮、舞竹马、舞春牛、舞采茶、舞花朝，合称为"六舞"，是五华富有地方特色的民间迎春舞。

舞龙：也叫"舞龙灯"，是流行于五华的民间舞蹈形式之一。舞龙的龙一般用竹、木、纸、布等缝扎而成，节数不等，但必须是单数。每节内能点燃烛火的叫"龙灯"，多在夜间舞；不点燃烛火的称"布龙"，多在白天舞。

舞狮：流行于五华的民间舞蹈形式之一。每逢春节、元宵或其他喜庆吉日，人们都会跳起狮子舞到每家去拜贺，认为这样能驱魔避邪，保人畜四季平安。狮子因而成了吉祥的化身。

舞竹马：流行于五华的民间舞蹈形式之一，在五华北部的新桥、岐岭、华城、双头、潭下等地流传较广。竹马舞的道具除竹马外，还有舆车、浪伞、鲤灯、鸡灯等，竹马一般用竹篾扎成骨架，外面糊纸，缝布围脚，中间上下穿空，舞者伫立其中，系竹马于腰上，手提缰绳，如骑马状。

竹马舞（图片来源：五华县博物馆）

舞春牛：流行于五华的民间舞蹈形式之一。我国古代用春牛表示劝农和春耕的开始，《后汉书·礼仪制》记载："于立春前造土牛，以劝农耕，象征春耕开始。"而五华的春牛舞有鞭春催耕之意，且富于舞蹈艺术。春牛的骨架用竹篾组成，外糊纸着色，更似真牛。

采茶戏（图片来源：五华县博物馆）

舞采茶：是由民间小戏发展起来的，盛行于清代，在清朝末年从赣南等地传入五华。采茶戏多为民间题材，富有浓郁的乡村生活气息。采茶戏有其独特的表演形式，像扇花、手巾花、高步、矮步、碎步、云步等，配上抒情、优美、轻快、活泼的采茶曲调，形成了淳朴、健康、亲切、爽朗的艺术风格。

舞花朝：是从道教法事"奉朝"演变发展而来的，是在代代相传中，由"奉朝"发展至"装花觋"，进而形成戏曲的。花朝戏多取材于美好的民间故事，曲调活泼谐趣，唱词采用客家方言，浅显易懂，具有浓厚的乡土气息，因而流传甚广。

木偶戏：明朝万历年间从浙江、福建传入，至今已有400多年历史。五华的木偶戏，属提线木偶。五华木偶戏班之多，居潮汕、兴梅各地区之冠，艺术基础也较好，故五华有"木偶之乡"的美誉。

提线木偶戏（图片来源：五华县博物馆）

从以上"娱乐"类词语我们可以看出，五华过年期间的娱乐活动是丰富多彩的。它们体现了：第一，在娱乐活动中，人们穿着不同的装饰，载歌载舞，热闹非常，带来了欢乐，增添了节日气氛，这充分体现了五华民间的地方特色。正如歌谣所云："舞起富贵马，六畜到我家；正月十五闹元宵，龙腾狮跃伴花朝。"第二，过年期间的这些娱乐建立在庆祝春节的基础上。人们一年的辛劳换来了收获，从物质上来讲，生活有了保障；从心理上来讲，紧张劳累的心情得到了松弛。在这样的前提下，人们通过这些娱乐来表达一种愉悦的心情，也通过娱乐表达了一种美好的愿望。第三，有的娱乐形式来源于古代，如“舞春牛”。

以上从“仪式”、“祝福”、“娱乐”类词语考察了客家人的过年文化。从中可以看出：

第一，从方言词语展示出来的节日风俗可以看出，客家人过年的方式是比较传统的。例如，过年期间的仪式很多是传统的仪式，“祭祖”和“敬神”等祭祀活动保留了古代礼制。通过传承下来的这些仪式，宗族的内部凝聚力得以保持或加强。再如节日中的娱乐活动也多是传统活动，如“六舞”、“木偶戏”等都有历史来源。

第二，虽然三类词语有不同的意义，但它们都反映了人们避祸就福、避凶趋吉的心理。人们都希望通过春节这样一个辞旧迎新的节日来求吉求福、避祸消灾，所以节日中尽量取吉利之数，说吉利的话，做吉祥的事。因而，这三类词语中都体现出客家人对吉利、福祉的追求和希望。这些心理也是汉民族的传统心理。

（三）客家方言中的神灵信仰文化

客家民间信仰多元，本部分以兴宁话为例，从其相关词语看客家方言中的神灵信仰文化（参见黄超华的《从宗教迷信类词语看兴宁宗教迷信文化》）。

1. 神灵的种类

神灵的种类繁多，这可以从兴宁话的神灵名称中看出。例如：

天神：是兴宁人对天的一种敬称，把天当作神，亦称之为“天老爷”、“天嬢哩（嬢：母亲）”。兴宁人经常“拜天神”，此举又被称为“敬天老爷”。仪式多露天举行，比如在围龙屋的大门或家居门口、庭院天井等地方，或摆设供桌，或撮土焚香，或摆设香炉等，但兴宁妇女也有在正月初九即“天神生日”当天到寺庙烧香拜佛或者“祭天”的。兴宁人一般是在红纸或红木牌写上神牌来供奉、祭祀。从年头到年终，都有拜“天神”的活动。从除夕之夜即开始敬“天神”，正月初九是“天神生日”，正月十五“祈天神”，正月二十是“天穿日”。十月十五要“还天神”，即还愿，感谢“天神”在这一年对全家老少的保佑和对自家日常生产的帮助。

门神：兴宁人认为门有神，这就是“门神”。门神既有大门神，也有小门神或房间门神。

土神：又称为“地神”、“土地神”、“伯公”、“社官老爷”或者“公王”。还有把“伯公”叫做“龙神伯公”、“弥陀伯公”的。“伯公”是封号，中国古代爵号有“公、侯、伯、子、男”五种，“伯”为其中一种。“伯公”也是敬称，如“老伯伯”、“老公公”都是对老者的敬称。在兴宁，“伯公”作为村庄间的神明，由最初对土地的敬称发展到后来渐渐成为一种泛称，如既有“土地伯公”，也有“灶头伯公”等。由于人们长期对恶劣的自然环境和社会环境抵御乏力，因此处处设伯公，期望他们能保佑自己。“伯公”神位到处都有：在住屋内有“镇宅土地龙神伯公”（当地又将其称为“公王伯公”）、“灶头伯公”、“床头伯公”，主人早晚要上香供茶；在室外田野则有“塘头伯公”、“田头伯公”（多安奉在田头、路旁，以保佑禾苗）、“桥头伯公”、“石头伯公”、“船头伯公”、“水口伯公”、“路口伯公”、“大树伯公”、“水打伯公”等；在祖坟旁还要专门建造一个“后土伯公”神位。对一些管辖地区较广的水口或村口伯公则尊称为“公王”或叫“社官老爷”。在兴宁人的心目中，“伯公”为人守土，乐善好施，是个极有威望的神明，也是万能的神明，可以保人们出入平安、财源滚滚。当人们遇到灾难或不幸时都会到伯公宫或者伯公庙上香，并备果品、香烛、茶水等供品，同时给伯公烧银纸，以祈福消灾。人们对土地的迷信，总是与农作物收成的丰歉联系在一起。人们祭祀土神时，通常是用米筒简单地装上一些米，再插上三支香，摆放在老树底下，再摆上水果等供品，之后就可以鞠躬、祈福了。与此相

村口大树下的土地伯公（肖文评供图）

关的熟语可以作为旁证，如“伯公肉，见人见份”、“入山先问伯公”、“伯公唔开口，老虎唔敢食狗”、“宰牛杀羊，问过公王”、“公公公十分公道，婆婆婆一片婆心”。

石神：又称为“石头公公”，是对门前、屋后巷口边的古老大石的敬称。人们都希望“石神”能够镇鬼压灾，保佑人间安康。

灶神：兴宁人认为灶有神，又将其称为“灶君”、“灶公爷爷”、“灶王爷”，俗称“司命菩萨”、“火神菩萨”。在兴宁，民众厨房的锅台上方，端坐着“灶王爷”，神像上书写“保佑”或“一家之主”，两边书写对联“上天言好事，下界降吉祥”；或写“油盐深似海，米面积如山”；或书“东厨司命主，福水降火神”。客家人对灶神是相当虔诚的，人们将它供在家里的“灶头”上，是因为“民以食为天，灶王爷掌管饮食”。逢年过节，兴宁人家家户户都要先给“灶神”敬三杯酒，再奉送上果品等，感谢“灶公爷爷”的保佑，颂扬他的无穷功德。

井神：即全村各处或者在庭院的水井之神。每逢春节到来之时，兴宁人总是在年三十的上午或者下午到井边挑水，家家户户都挑满自己的水缸、脸盆、水桶、锅盆，以备年三十、初一、初二这三天用。相传这一活动叫做“拜井神”，意思是这一年来井神为村里人供水辛苦了，过年这几天让“井神”也休息一下，以使新的一年井水更旺、更甜、更纯净等。

水神：兴宁人认为水中有神。“水神”掌管着湖泊、河水、溪水和潭水等。兴宁人在河堤坝上、池塘旁边建有“伯公”神坛，如“水打伯公神坛”等。遇到干旱气候，兴宁人便用猪、牛、羊等牲畜祭祀“水神”，祈求一年的风调雨顺。

火神：兴宁人认为火有神，特别是厨房内的灶火。在兴宁地区，家家户户均设有“灶君”之位，以便供奉。另外还建有“火神庙”。

山神：兴宁人认为特殊的山有神。兴宁地方小，人们居住和生活的环境都与山息息相关。兴宁人迷信的“山神”几乎都在神光山、鸡鸣山、和山岩上。“山神”总是与果树种植的丰歉联系在一起。

树神：兴宁人认为特殊的树木有神。这些树多为一些古树或者有特殊作用的树，如可以做棺材的大长生树以及古老的枫树、松树和榕树等。其中位于围龙屋后面的树木俗称为“围树”。在兴宁地区，兴宁民众崇祀的“树神”以生长在水塘边或河溪边的榕树最为普遍。农历六月初六，兴宁民众要为古老的“榕树伯公”做生日，如兴宁龙田镇坝里村就有村民组织的伯公会。每年六月初六前，伯公会里的善男信女便三五成群，在村里年老级人物的主持下，募集资金，或请龙狮或请八音社进行演出。也有人把“树神”称为“树仙”，想象成是仙女下凡变成的。

财神爷：兴宁人把招徕、管理财富的神敬奉为“财神”。在兴宁客家地区，“财神”是民众普遍供奉的善神之一，是民众心中的主财神。“财神”在兴宁客家地区通常是一个白白净净、斯斯文文的形象：锦衣玉带，冠冕朝靴，白脸长须，温文尔雅。他最显著的标志是：面带笑容，一手执“如意”，身携“聚宝盆”，常有“招财”、“进宝”相随。每逢新年，家家户户悬挂财神像或是设神桌供奉“财神”，希冀“财神”保佑，以求大吉大利。吉，象征平安；利，象征财富。人生在世既平安又有财，自然十分完美，这种真切的期望成为人们的普遍心理。求财纳福的心理与追求，充分反映在春节敬祀财神的一系列民俗活动中。有汉代童谣作证：“琉璃窗，朱漆门，堂上供着大财神；大财神，出凡尘，三聚三散越王臣；越王臣，富贵身，手里捧个聚宝盆；聚宝盆，天下闻，财源滚滚满乾坤……”（详见百度贴吧）

文神：“文神”是兴宁人对古代有名的文人和星宿的一种敬称。“文神”有仓颉、孔子、文昌等；文昌本是星宿名，也称为“文曲星”或“文星”，古时被喻为是主持文运功名的星宿，后被定为忠国、孝家、益民和正直的神。

忠义神：“忠义神”是兴宁人对古代赤胆忠心的勇士们的敬称，如关公、岳武穆等。

石牯大王：亦称“撑腰伯公”，多在崎岖的山路或者石岩缝中，据说患腰病者前往烧香祭拜，向石缝中插木枝后即可痊愈。兴宁的“石牯大王”是兴宁神光山上的权威神明之一。关于石牯大王的传说，有几个说法：一是古时兴宁是蛮荒之地，野兽出没伤人，有一少年掷石杀兽，为民除害，人感其恩，作神奉之；二是说有石、古两姓起义军首领灵位，被人从外引入，保卫民众生命财产安全；三是说石牯大王不是人，奉石牯大王是源于古时对性器的崇敬。通往“石牯大王”神坛的门阁上有一块“岩固天全”匾，拆开来念则成为：“山口一人”，“石古（牯）大王”。“石牯大王”又被人们称为“石爷”。他既保内，又“保外乡”。马来西亚、新加坡、泰国、印度尼西亚等地华侨回到家乡时，往往先到“石牯大王”坛前敬奉、还福、求保佑。（《客家民俗》）凡诚心敬奉者，消灾辟邪，事事顺心，兴旺发达。所以，兴宁“石牯大王”神坛常年香火不断，人们在这里寄托自己的情思和心愿。

观音娘娘：即“观音菩萨”、“观世音”。在兴宁，“观音娘娘”是大慈大悲、救苦救难的象征。兴宁人供奉的“观音娘娘”是女性形象。她面目清秀，头戴花冠，衣着华丽，宛如我国古代的贵妇人。她左手持含苞未放的莲花，表示一切本性本来清净；右手做出要打开莲花的姿势，表示众生本来清净的本性一时被无明覆盖，而不得显现。一般有两种姿势：一为站势，一为坐势。坐势一般是一腿盘起，一腿下垂，表现自在庄严之相。农历二月十九是观音诞，当日兴宁人便在自己家中或者是神光寺等庙宇内烧香拜佛。兴宁人认为观音是不会生老病死的，故有俗话“观音娘娘（菩萨），年年十八”形容那些会保养的妇女年轻有活力。

从上述所列举的一些词语来看，有关兴宁人的神灵信仰有一个明显的特点，即能够保佑人们的神灵很多，相关的名称也很多。这些名称的构词特点表现为：一是“神”类词语的数量所占比例比较大，如“天神”、“门神”、“灶神”、“土神”等。二是“伯公”类的词语也不少，都是兴宁人经常挂在口头的神灵，如“土地伯公”、“塘头伯公”、“灶头伯公”等。从这也可以看出，兴宁人是多神崇拜：佛教中的观音菩萨、如来佛、公王等，道教中的巫婆、神汉、大仙、风水、八字等，祖宗神中的君、亲以及一般的自然俗神，如“山神”、“树神”、“火神”等。根据神灵的名称我们不难发现，兴宁人对神灵的称谓一般都是以实物为依据的，是依据实物的称谓、特性或者企盼能为人们实现愿望的功能而定的。如人们敬仰天，便把天称为“天神”；希望火能给人们带来温暖而减少灾难，便把火供奉为“火神”；人们爱戴忠义的英雄和先人，便把关羽、张飞等统归为“忠义神”；希望自己能获得财富，便塑造了“财神”的形象；祈盼家人出入平安，便把钟馗供奉为“捉鬼之神”等。

2. 与神灵信仰相关的活动、用具、祭品及职业工作者

（1）活动。

与神相关的活动不少，这可以从下列词语看出：

敬神：即祭祀。因为兴宁人心目中的神种类繁多，任何事物都有可能带有灵性，似乎“敬神”是一件很容易的事。倘若是在一般的时节，敬神显得较有随意性、主观性。所谓“无事不登三宝殿”、“临时抱佛脚”等便很形象地说明兴宁人敬奉鬼神的功利性和世俗性，在遇到困难或者是进行抉择的时候便想到求拜神灵。

迎神：即神明出游。像“财神”出游时，民众要在自己家中迎接他的到来，认为这样可以得到更多的钱财。

请神：指告致神灵。《尔雅》：“请，告也。告必有辞，请神者以致告神也。”

跳神：请神时，必须请巫婆或者神汉歌舞，以求消灾除祸。《兴宁县志》记载：“病鲜服药，信巫觋，鸣锣吹角，咒鬼，令他遁，曰‘跳茅山’。”

关神：是请神问鬼者请求“仙婆”下阴曹地府将其死去的亲人的灵魂叫出来附体在“仙婆嫲”身上，然后与之相对而谈、询问。

起福：祈求神灵保佑。

完福：是酬谢神佛。其中到寺庙或者庵堂进香叫做“走庵哩”。

祈福：又叫“许福”，“许”当为“禧”，《尔雅》中“禧”与“祈”并训为“告”。

斩鸡头：这是兴宁人起誓取信的一种仪式。在人与人之间产生了严重猜疑却又无法解释清楚、明断的情况下，就在神明面前用锋利的菜刀斩断雄鸡的头，以鸣自家无辜。这种举动又称为“发誓”。“斩鸡头”的内涵是：“斩鸡头牵鸡脚，各人有事各自‘啄’。”在“斩鸡头”之后，不能旧事重提，否则会让人瞧不起。

出油火：指请那些会巫术的人用巫术来驱鬼。

祭社公：是兴宁人继承的中华民族非常古老的风俗。“社公”为乡土之神，是开发当地的首领，后人感谢他的开发之功而将他尊为“神”，祈求他保佑当地风调雨顺，庄稼茂盛，人畜兴旺。“社”字，《说文》解释为“地主也，从示、土”。《春秋传》说：“共工之子句

龙为社神。”兴宁人在“祭社公”的时候，全村民众都要食社粥。

敬香：又叫烧香。兴宁人祭祀前要给神明奉香，态度要严肃，行为要庄重，毕恭毕敬。

插香：即烧香供神。

祭灶司：就是祭灶。

上火：就是把一二十年内死去的族人的灵魂请上祖公棚（神龛）去，以便与祖宗一起供奉。

（2）用具。

与神灵相关的用具比较传统，这可以从下列词语看出：

神桌：又叫“天地桌”，是人们在井边放的一张四方桌。桌上放有香炉，人们早夜焚香祷告，以祈求全家平安。兴宁妇女尤为重视神桌的选用，会尽量选择家里比较好的四方桌。如果经济许可，可以另买一张新的，以表对神灵的敬畏与虔诚。

符教：是仙婆嫲与大仙作法时用的符咒，相传是为了驱邪镇魔。

香炉（钵）：一种专门用于插香的器皿。

香烛：又叫火烛，在烧香拜佛的时候点燃，插在香炉上，以示火旺。但是香烛的颜色一定要是红色的，白色的代表不吉利。香烛越大，烧得越旺，家里财富就越多，人丁也越旺。

除此以外，还有普遍要用到的“香”。

（3）祭品。

祭祀神灵的祭品可以从下列词语看出：

三牲：“三牲”是三种用来祭祀的动物，原指古代祭祀用的牛、羊、猪，后来不包括牛了，因为牛在兴宁等客家地方是重要的役使动物。时下“三牲”就是指那些祭祀时用的供品，即牲畜，如鸡、猪和鱼。前两者是一定要有的，并且一定要煮熟才能放在祭祀用的桌上。以前兴宁人在祭祀方面很讲究排场，通常都是活鸡、活猪等，后来因为经济的发展，许多人都外出谋生了，所以回来祭祀也就以精简为宜。兴宁人摆放“三牲”的时候特别讲究，必须把鸡放中间，然后是左鱼右猪。兴宁的“三牲”跟其他地区的有所区别，比如潮汕地区的“三牲”是鸡、鸭、鹅，没有特定的摆放方式。在兴宁，也有送“三牲”的习俗，它是一种古老的谈婚论嫁的礼节。以前在婚事中，如果男女双方都已经定下婚约，就要约定时间让男方送“三牲”到女方家，送

"三牲"时还要带上年糕、果品和豆腐等。送"三牲"代表男方对女方的一种敬重和爱慕。总之，"三牲"通常用于比较大、比较正式、比较隆重的场合。

生鸡：又叫"雄鸡"，是已经发育的没有阉割的公鸡。祭祀时一般都是"生鸡"，它会为人们报晓，能牵引太阳，有驱邪通天的神性。鸡啼与光明相辅相成，所以在红白二事、驱邪和占卜上，"生鸡"都是重要角色。

炙好的娘酒

娘酒：又叫"老酒"、"黄酒"。祭祀活动中为神明、鬼魂摆上几碗酒，以示谢意或敬意。火炙老酒，即被火煨过的"娘酒"。一般祭祀鬼神都要用火炙老酒，一方面这种酒不会那么快变酸，以致有辱鬼神；另一方面火炙老酒在兴宁人看来阳气较重，适宜作祭祀供品之用。

其他的还有果品、茶等。

祭祀过后，大人、小孩会一起享用这些祭品，认为只有这样，神明才能显灵。

（4）职业工作者。

从事与神灵信仰相关活动的职业工作者可以从下列词语看出：

神婆：兴宁人将"神婆"称为"仙婆（嫲）"、"仙姑（嫲）"、"神婆嫲"。其法术有请神、问鬼、解厄、导游阴曹地府等，行法时于堂中置一张桌子，上放香炉、烛台以及敬祀物品，焚香烧纸后，即请神灵降临。少顷，仙婆身体颤动，就说是鬼神已经附身，请神、问鬼的人便可以与其交谈。有病者如果怀疑有妖魔鬼怪在作祟，可请仙婆用纸将自己的生肖剪成肖物（比如肖猪就剪成猪的形状），然后以纸钱合包桃枝或柳枝，外用黄色解厄纸包裹，置于病者床下，并到仙婆的指示方向、地点焚纸，以使病愈灾消。

巫婆：即女巫师，在兴宁有些地方又称之为"圣女"，以替人祈祷为职业的女人。

圣公：即男巫师、神汉，以替人祈祷为职业的男人。

圣婆嫲：年青圣公男扮女装，称为“圣婆嫲”，作咬花、杯花、扇花和棍花等表演。他们只为有灾有难的生者求神祈福，不为死者作法超度。

从以上词语可以看出，兴宁与神灵信仰相关的活动、仪式较多，也有比较专门的用具、祭品，还有专司神灵信仰相关活动的职业工作者。这跟客家人迷信神灵、多神崇拜、地方神居多的心理有密切关系。

参考文献

1. 北京大学中国语言文学系语言学教研室编：《汉语方言词汇（第二版）》，北京：语文出版社，1995 年。

2. 陈庆忠编纂：《客家话词典（普通话对照）》，香港：银河出版社，2002 年。

3. 陈淑宜：《浅析客家谚语》，嘉应学院学士学位论文，2005 年。

4. 房学嘉：《客家民俗》，广州：华南理工大学出版社，2006 年。

5. 房学嘉等：《客家文化导论》，广州：花城出版社，2002 年。

6. 郭榴红：《梅县方言副词研究》，嘉应学院学士学位论文，2007 年。

7. 何耿镛：《客家方言语法研究》，厦门：厦门大学出版社，1993 年。

8. 胡希张、莫日芬、董励、张维耿：《客家风华》，广州：广东人民出版社，1997 年。

9. 黄超华：《从宗教迷信类词语看兴宁宗教迷信文化》，嘉应学院学士学位论文，2007 年。

10. 黄火兴编著：《梅水风光——客家民间文学精选集》，梅州：广东嘉应音像出版社，2005 年。

11. 黄雪贞：《客家方言的词汇和语法特点》，《方言》1994 年第 4 期。

12. 黄雪贞：《客家话的分布与内部异同》，《方言》1987 年第 2 期。

13. 黄雪贞编纂：《梅县方言词典》，南京：江苏教育出版社，1995 年。

14. 黄映琼：《梅县方言语法研究》，西南大学硕士学位论文，2006 年。

15. 蓝小玲：《闽西客家方言》，厦门：厦门大学出版社，1999 年。

16. 李彩兰：《梅县方言疑问句研究》，嘉应学院学士学位论文，2008 年。

17. 李辉娥：《从方言词语看五华春节期间的风俗文化》，嘉应学院学士学位论文，2005 年。

18. 李如龙、张双庆主编：《客赣方言调查报告》，厦门：厦门大学出版社，1992 年。

19. 李如龙：《方音与音韵论集》，香港：香港中文大学中国文化研究所吴多泰中国语文研究中心，1996 年。

20. 李如龙：《汉语方言学（第二版）》，北京：高等教育出版社，2007 年。

21. 李如龙：《闽西七县客家方言语音的异同》，李如龙、周日健主编：《客家方言研究》，广州：暨南大学出版社，1998 年。

22. 李如龙等：《粤西客家方言调查报告》，广州：暨南大学出版社，1999 年。

23. 李新魁：《广东的方言》，广州：广东人民出版社，1994 年。

24. 李新魁：《论广州方言形成的历史过程》，《广州研究》1983 年第 1 期。

25. 李玉娇：《广东梅州客方言词汇内部差异比较研究》，华南师范大学硕士学位论文，2007 年。

26. 练春招：《客家方言词汇比较研究》，暨南大学博士学位论文，1998 年。

27. 梁方仲编著：《中国历代户口、田地、田赋统计》，上海：上海人民出版社，1980 年。

28. 林立芳、庄初升：《南雄珠玑方言志》，广州：暨南大学出版社，1995 年。

29. 林立芳：《梅县方言语法论稿》，北京：中华工商联合出版社，1997 年。

30. 林立芳：《梅县方言的结构助词》，《语文研究》1999 年第

3 期。

31. 林忠礼、罗勇：《客家与风水术》，《赣南师范学院学报》1997 年第 4 期。

32. 刘纶鑫：《江西客家方言中的客籍话和本地话》，《南昌大学学报》1996 年第 4 期。

33. 刘纶鑫主编：《客赣方言比较研究》，北京：中国社会科学出版社，1999 年。

34. 罗常培：《临川音系》，北京：科学出版社，1958 年。

35. ［美］罗杰瑞著，张惠英译：《汉语概说》，北京：语文出版社，1995 年。

36. 罗香林：《客家研究导论》，台北：古亭书屋，1975 年。

37. 司徒尚纪：《广东文化地理》，广州：广东人民出版社，1993 年。

38. 王东：《客家学导论》，上海：上海人民出版社，1996 年。

39. 王李英编著：《增城方言志（第二分册）》，广州：广东人民出版社，1998 年。

40. 温昌衍：《广东客闽粤三大方言词汇比较研究》，北京：中国社会科学出版社，2014 年。

41. 温昌衍：《客家方言特征词研究》，北京：商务印书馆，2012 年。

42. 温昌衍编著：《客家方言》，广州：华南理工大学出版社，2006 年。

43. 温昌衍：《客家歇后语浅析》，《农业考古》2007 年第 3 期。

44. 温昌衍：《客家农谚初探》，《农业考古》2005 年第 5 期。

45. 温昌衍：《客家“山居稻作”文化及相关文化事象》，《华南理工大学学报》2005 年第 3 期。

46. 温美姬：《梅县方言古语词研究》，广州：华南理工大学出版社，2009 年。

47. 吴永章：《客家传统文化概说》，南宁：广西教育出版社；桂林：广西师范大学出版社，2000 年。

48. 吴永章：《客家人的宗教信仰述略》，《中南民族大学学报》1994 年第 4 期。

49. 谢留文、黄雪贞：《客家方言的分区（稿）》，《方言》2007年第3期。

50. 谢留文：《客家方言语音研究》，北京：中国社会科学出版社，2003年。

51. 谢留文：《重读〈临川音系〉》，《方言》1999年第3期。

52. 谢永昌：《梅县客家方言志》，广州：暨南大学出版社，1994年。

53. 颜森：《江西方言的分区（稿）》，《方言》1986年第1期。

54. 袁家骅等：《汉语方言概要》，北京：文字改革出版社，1983年；北京：语文出版社，2001年。

55. 曾祥委、曾汉祥主编：《南雄珠玑移民的历史与文化》，广州：暨南大学出版社，1995年。

56. 张冬玲：《梅县畲江方言量词初探》，嘉应学院学士学位论文，2007年。

57. 张光宇：《东南方言关系综论》，《方言》1999年第1期。

58. 周日健：《新丰方言志》，广州：广东高等教育出版社，1990年。

59. 庄初升：《粤北客家方言的形成和分布》，《韶关大学学报》2000年增刊。

后　记

《客家方言》总算完成了，这是“岭南文化书系·客家文化丛书”中的一本，也是一本带有普及性的小册子。根据雅俗共赏的要求，在编写过程中，笔者尽力收集材料、平实叙述，尽量将客家方言需要介绍或值得介绍的地方作客观的描写和分析，希望对读者有所帮助。

在此之前，笔者曾经编著过另外一本《客家方言》（华南理工大学出版社，2006 年），因为两书都有概论部分（两本书的书名都是“客家方言”，且都是编委会根据“客家××”的格式统一拟定的），所以两书有部分相同的内容，比如客家方言的分布、分片等的介绍。当然，由于近十年客家方言的调查和研究有了长足的进展，出现了许多新的论著，本次的《客家方言》自然吸收了不少新的调查研究成果。在内容的处理上，本次的《客家方言》也与以前那本不太一样，音系上从简，词汇上从详，语法上注重特色（与普通话不同之处）。总的来看，两者差别较大，可以互相补充。

在编写过程中，笔者参考和引用了不少著述（详见本书参考文献），特别是以下著述：《汉语方言词汇（第二版）》（梅县点材料）（语文出版社，1995 年）、《汉语方言概要》（“客家方言”部分）（文字改革出版社，1983 年；语文出版社，2001 年）、《梅县方言词典》（江苏教育出版社，1995 年）、《客赣方言调查报告》（厦门大学出版社，1992 年）、《广东的方言》（广东人民出版社，1994 年）、《客家方言语音研究》（中国社会科学出版社，2003 年）、《梅县方言古语词研究》（华南理工大学出版社，2009 年）、《客家方言语法研究》（厦门大学出版社，1993 年）、《梅县方言语法论稿》（中华工商联合出版社，1997 年）、《梅县方言语法研究》（西南大学硕士学位论文，2006

年）、《梅县客家方言志》（暨南大学出版社，1994 年）。在此，特向本书参考和引用各著述及图片的作者致以衷心的感谢！

丛书主编邱国锋教授、曾令存教授为本书的写作和修改提供了精当的指导意见，暨南大学出版社的史小军总编辑和李战副社长也为本书的修改提出了宝贵的意见，在此一并致谢！

本书的写作还得到了国家社科基金重点项目“粤东北地区客家文化研究”（项目编号：12AZD076）的支持（本书也是该项目的阶段性成果），笔者也谨此致谢！

最后补充说明一下，本书是笔者和王秋珺同志（中国客家博物馆研究部主任、《客家文博》副主编、方言学硕士）合作完成的，笔者主要负责文字部分，秋珺同志主要负责图片部分并核对部分梅县话材料。因为有两人的通力合作，本书才能在较短的时间内完成。

由于时间仓促，加上笔者能力有限，本书定有不少疏漏，恳请同仁和读者不吝指正！

温昌衍　谨记

2014 年 10 月初稿

2015 年 3 月定稿